問題解決型国語学習を成功させる
見方・考え方スイッチ発問

小林康宏
［著］

東洋館出版社

まえがき

「学習指導要領が変わりました。あなたの授業、何が変わりましたか」

そう問われたときに、明確に答えられる教師は何人いるだろうか。

平成29年告示の学習指導要領は令和2年度に小学校、翌年度に中学校が完全実施となる。この学習指導要領で子供たちに育てていくものは「資質・能力」、すなわち「できるようになる」力を獲得させることである。

そう捉えたとき、国語の授業は、子供たちに「できるようになる」力を育てているといえるのであろうか。

「ごんぎつね」を読み、「ごん、おまいだったのか」という兵十の問い掛けに対して「ぐったりと目をつぶったまま、うなず」くごんの、やっと気付いてもらえたといううれしさ、けれどももう関わり合うことはできないという果てしない悲しみを子供たちと共有する。教室に集う者たちでしか味わえない読みの感動に浸ることは確かに大切なことである。

けれども、その授業で友達と「ごんぎつね」を読み深めたAさんは、家に帰って、図書館から借りている「手ぶくろを買いに」を、教室と同様に解釈していくことはできるだろうか。

もちろん、教室で行われているような子供同士の解釈を突き合わせていくことは家ではできない。そうではなくて、そもそも物語を自分で解釈していくことができるのか、ということである。

「どう考えれば、自分なりの解釈をもつことができるのか」という考え方の術をもたせていなければ、「できるようになる」力を子供に育てた授業とは言い難い。

「できるようになる」力、資質・能力を育てていく授業づくりを志すなら、例えば上述の「ごんぎつね」で言えば、「ごんの気持ちを解釈することができる」力を付けていこうといった姿勢が、教師側に必要になる。

では、できるようになるためには、何が必要なのか。平成29年版の学習指導要領では授業づくりの視点として「主体的・対話的で、深い学び」が示されている。この中の「深い学び」がそのカギを握る。

「深い学び」は、ごく大まかに言えば、「見方・考え方を働かせた問題解決のプロセス」である。「見方・考え方」を働かせて、直面する課題を解決していく過程で、子供たちは知識を関連付けて、物事をより確かに理解したり、情報を精査して、考えを形成したりしていくのである。

そこに、先ほどの国語科が抱える「内容の獲得への意識が強いが、問題解決力の獲得については弱い」という課題を突き合わせると、「見方・考え方」を働かせ、育てていく授業が、その課題を突破し「できるようになる」力を子供に獲得させることにつながるという期待が見えてくる。

では、問題を解決し、達成の満足感をもち、「見方・考え方」を育て、働かせていく授業はどのように実現したらよいか。

そのヒントは、実は我々が行ってきたこれまでの国語の授業の中にある。例えば、「『ぐったりと目をつぶったまま、うなず』いたごんの気持ちをノートに書きましょう」と言ったときに、鉛筆が止まったきり動かない子がいたとする。その子のそばに行き、「これまで兵十はごんを何て呼んでいましたか。そして、最後は何て呼んでいますか。二つの言い方を比べてみて。こんなふうに呼ばれたらどう思いますか」といったように、思考のスイッチを入れるような声掛けをするだろう。

このような問題解決を進める際の思考のスイッチを入れる発問（以下、**スイッチ発問**）こそが、「できるようになる」力を付けていくために最も重要なものとなる。例えば自転車も、乗り方を聞いて、上手な乗り方のビデオを見ているだけではさっぱり乗れるようにならない。それと同じことで、「スイッチ発問」により「兵十のごんへの呼び方に目を付け、比較する」という見方・考え方を働かせた子供は、ごんの気持ちを解釈していくことが可能になるのと共に、「登場人物の名前の呼び方に着目し、変化を比較する」といった見方・考え方も獲得し、「名前の呼び方に着目し、変化を比較することで、登場人物の気持ちを想像する」ことができるようになるのである。

では、「スイッチ発問」はどんなタイミングで、どのように設定すればよいのか、また、発達段階や領域、教材に合わせどんな発問があるのか。

それらについては本書をお読みになり、「できるようになる」力を育てる授業づくりの参考にしていただきたい。

令和３年３月

小林 康宏

問題解決型国語学習を成功させる
「見方・考え方」スイッチ発問

contents

Ⅱ 実践編

I

理論編

1 「スイッチ発問」が、問題解決型国語学習を成功に導く

例えば算数の割り算の授業であれば、1時間の授業を受けた子供たちは、本時に取り上げた「クッキーが9枚あります。3人で同じ数ずつ分けます。1人何枚になるでしょう」という問題が解けると共に、割り算の方法も獲得することができる。求める答えを獲得することができるのと共に、求め方も獲得することができるのである。そのため、次に同様の問題と出合ったときには、自力で解決することができるようになる。

つまり、授業で学んだことはその授業の中で完結するのではなく、他に発展していくのである。

これに対して、国語の授業はどうだろうか。

(1) 解決結果に偏る国語の授業

国語の授業において、教師は、問題解決した「結果」、すなわち追究内容に偏るこだわりが大変強い。

例えば「海のいのち」。

子供たちと「クエを打たなかった太一はどのような気持ちだったのだろうか」という問題を設定し、解決する学習を設定する。

結果として、「クエの悠然とした姿に、偉大な父の姿を感じた」「生命の尊さを感じた」等の考えを引き出し、子供たちと共に感動を共有し、満足して授業を終える。

しかし、その後、子供が新たに文学的文章と出合ったとき、本時で行ったような読み深めを一人で行っていくことはなかなかできない。

(2) 活発な言語活動に偏る国語の授業

加えて、教師は、問題解決していく際の言語活動が展開することに対す

るこだわりも強い。

取り上げた「海のいのち」でいえば、クエを目の前にした太一の心情について、ペア、グループ、学級全体等、様々な形態を使い、話合いを行う。子供たちの発言をつなげたり、ある子の発言に注目させて、関連した意見を出させたりする。また、ある叙述を取り上げ、その叙述に関係した意見を引き出したりもする。

そのような話し合いを通して、読みを深めていく。

活発な意見交換や活発な言語活動を展開することは大切なことである。しかし、その後、子供が新たな文学的文章と出合ったとき、本時で行ったような読み深めを一人で行っていくことはなかなかできない。

確かに、問題解決的な学習を展開していくことを通して、文章を読み取れた結果を大切にすることは、子供の学習の目的からしても大変重要なことである。

また、互いの考えを出し合い、聞き合うことを通して、問題解決していくことは、互いの考えを広げたり深めたりしていくことにつながる。

けれども、どんなに素晴らしい解釈の生まれた授業でも、どんなに活発な話し合いが展開された授業でも、子供たちに問題解決していく力を付けていこうという意識が教師の側に欠けていれば、子供たちはその授業から自力で問題を解決する力を得ることは難しい。

言い換えると、国語の授業を受けていて、それがとても盛り上がっているのにもかかわらず、肝心の国語の力は付いていかないということになる。

(3) 資質・能力の獲得を目指す学習指導要領の考え方

問題解決型学習を通して、子供たちに自力で解決する力を付けていくためには、どう考えたら問題を解決することができるのかという問題解決の方法を自覚的に身に付けさせることが必要である。

平成29年度版学習指導要領（以下、「学習指導要領」とする）では、

「資質・能力」の獲得が標榜されている。

では、「資質・能力」とは何か。

『小学校学習指導要領（平成29年告示）解説　国語編』（以下、「解説」とする）第1章総説1（2）改訂の基本方針には「何ができるようになるか（育成を目指す資質・能力）」とある。

つまり、問題に直面した子供が自力で解決し「できるようになる」力が資質・能力といえる。このことにより、国語科の抱えている課題を解決していくことが大いに期待できる。

「できるようになる」というキーワードを意識することにより、問題解決型学習を行う中で、追究内容の獲得に偏っていた授業を、追究内容の獲得と共に、追究方法の獲得までを意識した授業に変えていくことが期待できるのである。

そして、資質・能力を獲得させていく授業づくりの視点が「主体的、対話的で、深い学び」である。

（4）深い学びとは

では「深い学び」とは何か。

『小学校学習指導要領（平成29年告示）解説　総則編』第3節には「習得・活用・探究という学びの過程の中で、各教科等の特質に応じた『見方・考え方』を働かせながら、知識を相互に関連付けてより深く理解したり、情報を精査して考えを形成したり、問題を見いだして解決策を考えたり、思いや考えを基に創造したりすることに向かう『深い学び』」と説明されている。

このことを基に「深い学び」を図にすると図1のようになる。

端的にいえば、「深い学び」とは、「見方・考え方」を働かせた問題解決のプロセスであろう。

澤井（2017）は深い学びに関わり、「※子どもに身に付けさせたい知識を単なる事実の羅列ではなく、生きて働く知識、子供が後々使える知識にしていく（概念的知識を形成する）ことが求められているのです」と述べ

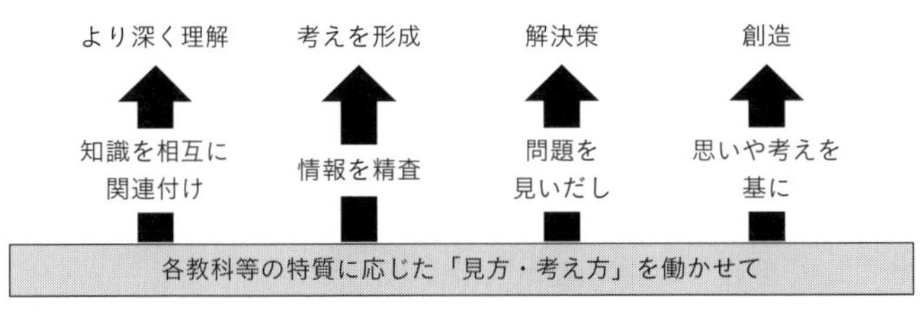

図１「深い学び」の考え方

ているが、深い学びの実現の上で大切になるのが、授業で学んだことはその授業の中で完結してしまうのではなく、「生きて働く知識」、すなわち、次に別の問題と出合ったときに対応できるようにしていくことである。

そこで、大切になるのが「見方・考え方」である。

※澤井陽介『授業の見方―「主体的・対話的で深い学び―」の授業改善―』2017 東洋館出版社

（5）見方・考え方とは

解説では、「見方・考え方」を「『どのような視点で物事を捉え、どのような考え方で思考していくのか』というその教科等ならではの物事を捉える視点や考え方」と説明している。

加えて「その教科等ならではの物事を捉える視点や考え方」「各教科等を学ぶ本質的な意義の中核をなすもの」「教科等の学習と社会をつなぐもの」と述べられている。

さらに「児童生徒が学習や人生において『見方・考え方』を自在に働かせることができるようにすることにこそ、教師の専門性が発揮される」と述べられていると共に、各教科等の目標の筆頭に「見方・考え方」を働かせることが明記されている。

１時間の授業で学んだことを、次に使えるようにしていくことがどれほど重要視されているかということ、そのためのカギを「見方・考え方」が握っているということがよく分かる。

(6) 言葉による見方・考え方とは

見方・考え方は、例えば保健・体育では「体育や保健の見方・考え方」、特別活動では「集団や社会の形成者としての見方・考え方」といったように各教科等の特性に応じた名付けがなされている。

国語科では「言葉による見方・考え方」とされている。

「言葉による見方・考え方」は解説では以下のように説明されている。

> 児童が学習の中で、対象と言葉、言葉と言葉との関係を、言葉の意味、働き、使い方等に着目して捉えたり問い直したりして、言葉への自覚を高めること

主に、国語科の親学問の一つである言語学に基づいて作成されたと思われるこの説明は教科の特性に対して誠実である。であるからこそ、実践していく際の壁となっている。

説明を図にすると以下のようになる。

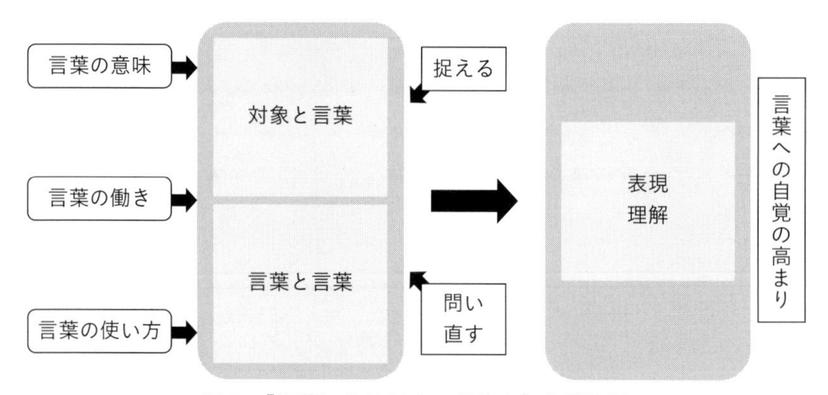

図2 「言葉による見方・考え方」の構造図

見聞きしている対象と言葉、あるいは言葉と言葉に対して言葉の意味や働き、使い方といった「見方」で着目し、捉える、問い直すといった「考え方」を使い、理解や表現をする、その結果として言葉への自覚が高まるという流れである。

例として、朝顔の観察文を書く活動に当てはめると図3のようになる。

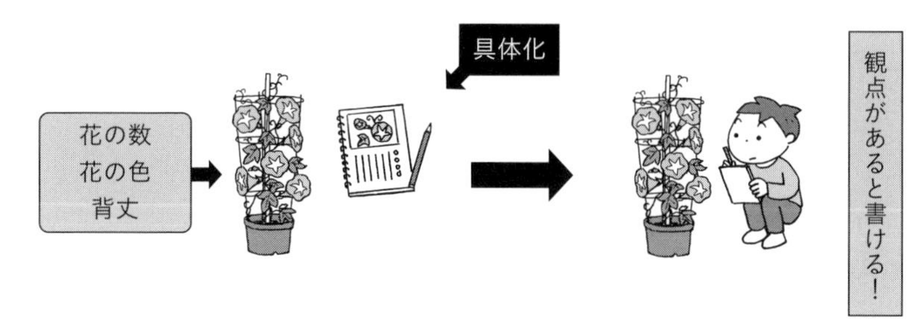

図3　見方・考え方を働かせた「書くこと」の学習

子供は「朝顔の観察文を書きましょう」と言われても、どこに着目してどのように書くのか分からない。

そこで、事物の内容を表す言葉の働きとしての「花の色」「花の数」「背丈」に着目して、それらを具体的に書くことを指導する。

すると、「ぼくのそだてているあさがおに、むらさきいろの花がさきました。花は六つさきました。あさがおは53センチでした。」という観察文を書くことができる。それと共に、観点があると文章が書けるということも感じさせていくことができる。

朝顔という対象と観察文という言葉の関係を、花の色、数、背丈で捉えることで表現することができ、言葉への自覚を高めることができる。

「ごんぎつね」で「兵十の問いかけに対してぐったりと目をつぶったまままうなずいた『ごん』の気持ちはどうだったのか」という問題を解決する授業の場合だと以下のようになる。

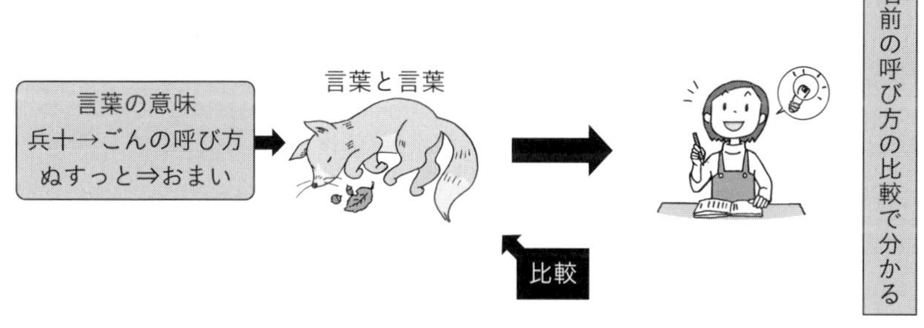

図4　見方・考え方を働かせた「読むこと」の学習

兵十がごんをどのように呼んでいるかということを視点にして叙述から言葉を探すと、栗や松茸を持ってきているのがごんだと分かる前は「ぬすっと」、栗や松茸を持ってきてくれたのがごんだと分かった後には「おまい」という呼び方を使っていることが分かる。

二つの呼び方を比較すると、「ぬすっと」のもつごんに対する憎しみの感情が、「おまい」という親近感のこもった呼び方に変化していることが分かる。兵十が自分を受け入れてくれたことで、ごんは、うれしくなったという解釈をすることができる。名前の呼び方という言葉と言葉の意味の関係に着目し、比較をするという捉え直しをすることにより、登場人物の気持ちを想像することができるということも感じさせていくことができる。

以上、「書くこと」と「読むこと」の学習を例にとり、言葉による見方・考え方の働きについて述べた。

このように見ていくと、言葉による見方・考え方を効果的に働かせた問題解決的な学習を通して、書きたい内容が表現できること、読み取りたい内容を読み取ることができると共に、同様の問題に直面したときに解決していく力の獲得という見通しが出てくる。

一方で、次のような疑問も生ずる。言葉による見方・考え方は国語科の指導事項ではない。指導事項ではないことに対してことさら重視する必要があるのか、ということである。

(7) 授業のモデル図

このような疑問に対する答えを説明するために図5を示す。

子供たちは、授業での学習課題「ぐったりと目をつぶったままうなずいたごんはどんな気持ちだったのだろうか」を解決していく。その結果として「兵十と心が通じ合いうれしかった」や「うれしい気持ちが強いが、同時にこれから通じ合っていくことができないことへの悲しみ」といった解釈が生まれる。

これらの姿は「C 読むこと (1) エ登場人物の気持ちの変化や性格、情

指導事項　思・判・表　C 読むこと（1）エ
登場人物の気持ちの変化について、具体的に想像する

↑

指導事項の内容が達成された姿

学習課題　くったりと目をつぶったままうなずいた
ごんがどんな気持ちだったのだろうか

↑

指導事項の内容を達成するための方法

見方・考え方　兵十のごんに対する呼び方に目を付けて、取り出し、比べる

図5　見方・考え方を働かせた指導事項の指導

景について、場面の移り変わりと結び付けて具体的に想像すること。」が具現化された姿である。

多くの授業はここまでの関心により設計されているために、指導事項の指導はなされても学んだことが次に直面する問題に対して対応することができないという状態になっている。

本時の指導事項が次に直面する問題に対しても対応していくためには、指導事項の内容を達成するための具体的な方法として本時の「兵十のごんに対する呼び方を取り出して比べる」といった言葉による見方・考え方が必要となってくるのである。

したがって、見方・考え方は指導事項にはないので重視する必要はないということは大きな間違いであり、見方・考え方こそが指導事項の指導の達成、及び、指導事項の内容を次に生かしていくための原動力となるのである。

加えて、解説にある「児童生徒が学習や人生において『見方・考え方』を自在に働かせることができるようにする」という箇所に引き付けて述べると、指導事項の内容の達成のために働かせた見方・考え方は、一つの指導事項の範疇にとどまらず、より幅広く働かせることのできる可能性をもっている。

例えば、名前の呼び方の比較をすることは、「読むこと」領域の精査・解釈のための見方・考え方として使えるばかりではない。「書くこと」領域で物語や詩などの創作文を書く場合にも使うことができるのである。

このように「見方・考え方」には指導事項の指導内容を充実させることができると共に、指導事項を超えて活用させていくことができる利点がある。けれども、それは教師も子供も意識化して働かせることなしに、次に生かすことは難しい。

そこで提案するのが子供たちが見方・考え方を働かせるための「スイッチ発問」である。

(8) スイッチ発問の定義と効果

スイッチ発問は、一言で述べると「問題解決のための見方・考え方を意識していない状態から、解決のための見方・考え方を意識し、働かせていく状態に切り替える発問」である。

冒頭で取り上げた「海のいのち」の授業でいえば、「クエの姿を物語の冒頭と比較するとどう違うだろうか」という発問を投げかけると、まず冒頭では「光る緑色の目」であったのが、太一とクエとの対峙の場面では、「青い宝石の目」「ひとみは黒いしんじゅのよう」「おだやかな目」と変化しているということが取り出される。

そして、「対象（対役）の姿に着目し、その変化を捉え、比較する」という、見方・考え方を働かせることで、物語の言葉を根拠にして、太一にとってのクエは、不気味な様子から、高貴な姿へといった認識の変化を解釈することができる（図6）。

導入でスイッチ発問として投げかけた「クエの姿を物語の冒頭と比較するとどう違うだろうか」を終末で、「対象の変化を捉え、比較する」として一般化することで、子供は本時働かせた見方・考え方の効果を実感し、次の問題でも働かせていくことにつながる。

このように、問題解決のための見方・考え方に自覚的になる「スイッチ発問」を行うことにより、子供たちは学習課題を確実に解決していくこと

学習課題
クエを打たなかった太一はどのような気持ちだったのだろうか

スイッチ発問
クエの姿を物語の冒頭と比較するとどう違うだろうか

特に、クエの「目」の描写に着目する

太一がクエと対峙する場面
・青い宝石の目
・ひとみは黒いしんじゅのよう
・おだやかな目

冒頭
ロープのもう一方の先には、光る緑色の目をしたクエがいたという

子どもの反応
おとうが死んだときのクエの目は、「光る緑色」で不気味な感じだけれど、実際にクエと出会ったときには「宝石」とか「しんじゅ」という美しいもののようになっていたり「おだやか」という優しい言葉になっていたりするので、クエを尊く温かなものだと思うようになってきている。

見方・考え方の一般化　対象の変化をとらえ、比較する

図6　スイッチ発問の効果—「海の命」—

ができると共に、働かせた見方・考え方のよさを実感することで、次の問題解決をしていく力も得ることができる。

加えて言えば、教室には、国語に苦手意識をもつ子供も大勢いる。

その子たちの多くが抱える困難さは、問題解決に対して「取り付く島がない」ということである。

殊に、文学的文章の解釈に関しては、小さいころからの読書体験その他の理由により、読解の術をもつ子供と持ち合わせていない子供とが教室に混在している。

授業では、読解の術をもつ子は当然活躍していく。そのため、授業は展開していくのだが、読解の術に乏しい者は、そのたびに取り残されていってしまう。

多くの国語教室で繰り返されるこのような日常も「スイッチ発問」を入れていくことで解消が期待される。

なぜなら、「スイッチ発問」こそが、子供たちにとっての「取り付く島」となりうるからである。

「クエを打たなかった太一はどのような気持ちだったのだろうか」という課題に対して、どこから手を付けてよいのか見当がつかない子は、「クエの姿を物語の冒頭と比較するとどう違うだろうか」という「スイッチ発問」を示されることで、俄然活動に前のめりになる。

さらに、単に意欲をもたせるばかりではなく、「対象の変化を捉え、比較する」という読解の術も獲得させることができるのである。

国語に苦手意識をもつ多くの子供、さらには、国語の指導に対して苦手意識をもつ教師にとっても「スイッチ発問」は効果が期待される。

（9）7つの考え方を働かせるスイッチ発問の類型

本書では、学習指導要領での「情報の扱い方に関する事項」を参考にし、概念的思考の種類に基づきスイッチ発問を、7つの類型に分けた。

概念的思考の種類の分け方については、さらに細かく分類しているものもあるが、子供たちが身に付けていくためにはできるだけ数は少なく、それぞれの考え方の違いがはっきりしているほうがよい。

また、指導者側にとっても、類型が少ないほうが、教材や授業に合わせたスイッチ発問を選択しやすい。

このような理由からスイッチ発問は7類型とした。

なお、それぞれの発問は、一つの領域の一つの指導事項の指導のときにだけ対応するのではなく、複数の領域、及び複数の指導事項に対応している。

例えば⑦－2抽象化は、「読むこと」領域での説明文の構造と内容の把握にも対応すると共に、「書くこと」領域で、具体的な事実から意見を考えていく際にも対応することができる。

類型	スイッチ発問
①比較	A に目を付けて B と C を比べてみよう スイッチ発問の例 〈例〉大造じいさんが狩りに出かけた時間を比べて、じいさんの残雪を撃とうとする気持ちの変化を想像しよう
②定義	A という決まりに目を付けて、当てはめてみよう スイッチ発問の例 〈例〉はじめ・中・終わりの役割に目を付けて、説明文を 3 つに分けてみよう
③類推	A と似たようなことを思い浮かべて重ね合わせてみよう スイッチ発問の例 〈例〉自分だったらどう思うか考えて、医者様を呼びに行く豆太の気持ちを思い浮かべてみよう
④因果	A に目を付けて B という結果になったのはどうしてか考えてみよう スイッチ発問の例 〈例〉コスモスをもらったゆみ子の様子に目を付けて、お父さんがにっこりと笑って戦争に行ったのはどうしてか、考えてみよう
⑤分類	A に目を付けて、仲間になるものを集めよう スイッチ発問の例 〈例〉大豆料理の工夫に目を付けて、文章に書かれている工夫を書き出そう
⑥帰納	A,B,C に共通していることは何だろう スイッチ発問の例 〈例〉松井さんの行動をいくつか取り出して、性格を一言で表そう
⑦ -1 具体化	A を詳しくしていることを見つけよう スイッチ発問の例 〈例〉動物が海の中で速く泳げる工夫は詳しく言うとどんなことだろう
⑦ -2 抽象化	A をまとめていうとどんなことだろう スイッチ発問の例 〈例〉チョウの羽の中が円柱形になっているのは一言でいえばどんな意味があるのだろう

2 「スイッチ発問」を使い、問題解決型授業・単元を創るための教材研究

(1) 子供の実態を見極める

日々の授業は年度当初に立てた年間指導計画に基づいて行われる。

したがって、これから展開する授業や単元に対する子供の実態の見極めは、年間指導計画に基づいた教科運営を基にして行う。

ポイントとなることは、これから展開する授業や単元に関して、同じ領域で関連する指導事項を扱った既習の単元では、どの程度までのことを押さえているのかを確認しておくことである。

(2) 指導事項を定める

子供が既に獲得している力を確認したら、その上に、本単元では、どのような力を付けていくべきであるかを吟味する。先述したように、国語科は、教材の内容の理解に偏ってしまう傾向がある。このときに、学習指導要領の指導事項のどの項目を重点化しようとしているのか、しっかりと自覚する必要がある。

(3) 教材の特性をつかむ

(2) と (3) は行ったり来たりしながら考えていくべきものである。

例えば、既習の単元では、「読むこと」の説明文を扱った単元で、「構造と内容の把握」について力を入れて指導しなかった、だからこの単元では重点的に指導しようと考えたとする。

けれども、この単元で指導する教材をみると、序論－本論－結論にきれいに分かれているのではなく、むしろ、筆者の個性的な主張に対して自分

の考えの形成の指導に向いているといったことがある。

指導事項を定めることと、教材の特性をつかんでいくことをバランスよく考えていくことで、その教材に合った指導事項を設定することができ、指導事項に合った教材の扱い方を行っていくことができる。

上では、説明文について取り上げたが、文学についても同様の配慮が必要である。

物語の構造の典型は、学習用語のズレを別にすると「状況設定－発端－展開－山場－終末」の五つ、あるいは「導入－展開－山場－結末」の四つという形で指導することが多い。

このことは指導事項で「構造と内容の把握」に当たるところであるが、実際の物語教材を見てみると、上に挙げたような形できれいに分けられているものばかりではない。

例えば「ごんぎつね」には、山場の場面の後の後日談等を示す終末場面はない。そのため「ごんぎつね」の続きを書いてみようという活動を行い、解釈をより深めていくという単元展開もあるが、ともあれ、教材の特性と相性のよい指導事項については吟味をしていくことが必要である。

（4）問題解決の過程を形づくる

指導事項が明確になったら、どのような問題を設定し、解決していくかという問題解決の過程を形づくる。

過程を考えていく際に、子供たちの興味・関心を喚起する追究の目的が必要となる。興味・関心がわくものであれば、子供たちが粘り強く追及する姿勢も強くなる。

また、毎時間の授業のつながりを円滑なものにすることや、毎時間の授業における問題解決の過程を子供たちが学びを獲得していく流れに沿ったものにすることで、見通しをもち追究していくことにつながる。

例えば、「ごんぎつね」であれば「ぐったりと目をつぶったままうなずいたごんはどんな気持ちだったのだろう」、「海のいのち」であれば「クエを打たなかった太一はどのような気持ちだったのだろう」といった疑問は、教材文を一読した後の教室で、多くの子供たちがもつ。このような疑問に対する答えを見つけ合っていきたいという、単元で追究していきたい問題を子供たちにもたせる。

その解決のために、まず物語全体の構造と内容の把握を行い、精査・解釈を重ねていく流れをつくる学習を重ねたうえで、当初設定した問題の解決を図る。

特に「読むこと」領域では、「ごんぎつね新聞」を作るといったような言語活動が展開することを目的にした単元で、活動を通して、結局どんな力を付けたかったのかが不明確になってしまう場合がある。

指導事項の指導が達成された具体の姿を目的として、その目的達成に至る筋道として問題解決の過程を考えていくことが大切である。

●育て、働かせられる見方・考え方を探り、スイッチ発問を考える

以上のことは、従来から言われてきたことである。

子供たちが、問題解決型学習を通して、次に生かすことのできる見方・考え方を働かせ、身に付けていき、そして、どの子も学習に進んで参加していくためには、この、「育て働かせられる見方・考え方を探り、スイッチ発問を考える」段階が大変重要である。

例えば、「ごんぎつね」で、「ぐったりと目をつぶったままうなずいたごんはどんな気持ちだったのだろう」という問題の解決を通し、「C 読むこと (1) エ」の精査・解釈の指導を図るためには、どんな叙述に目を付けて、どのように考えれば可能なのかを、教材を読み検討する。

自分の体験を基に類推するという考え方もあるだろうし、変化する反復表現である名前の呼び方に着目し、比較するという方法もあるだろう。

そして見方・考え方が定まったら、すべての子供たちの追究を誘発するスイッチ発問を設定する。

自分の体験を基に類推するのであれば、「こんなときに自分だったらどう思うか考えて、ごんの気持ちを考えてみよう」、変化する反復表現を比較するのであれば「兵十のごんに対する呼び方を比べて、ごんの気持ちを考えよう」ということになる。

このように、指導事項の指導が実現した具体の姿を想定し、その姿に至るためには、どんなところに目を付けて、どのように考えればよいのかを考え、子供が理解できるスイッチ発問の言葉にしていくのである。

見方・考え方は、一度働かせたからといってすぐに身に付くわけではない。例えば、物語を解釈する際、自分の体験と照らし合わせ類推していくという方法は多くの子供にとっては難しくはない。しかし、変化する反復表現に着目し、比較するという方法は、慣れていないとスムーズに働かせていくことはできない。

したがって、数時間にわたる問題解決の過程の中、スイッチ発問を位置付ける際に、見方・考え方が共通であったり、着目する表現は異なっていても、考え方は共通であったりする発問を意図的に行うことで、見方・考え方の定着、また、子供たちが自ら見方・考え方を意識的に働かせていくことにつながる。

●資質・能力を育てる評価計画を立てる

問題解決の流れ、指導事項の指導を実現するための見方・考え方が位置付いたスイッチ発問の設定を済ませたら、評価の計画を立てる。

このときに肝心なことは、子供が具体的にどのような姿を見せることが、見方・考え方を働かせて、指導事項の指導が実現された姿であるかを想定しておくことである。

指導事項の指導が実現された姿には様々考えられるが、本時共通して働かせたい見方・考え方を働かせている姿であることは明確にしておきたい。

3 「スイッチ発問」を使い、見方・考え方を育て働かせる単元・授業デザイン

子供の発達段階により、スイッチ発問に反映される際の見方・考え方は留意する必要がある。

(1) 各学年に求められる見方・考え方

❶ 各学年で働かせ育てたい見方

各学年で働かせたい見方の規準としては、学習指導要領の「知識及び技能」の「(1) 言葉の特徴や使い方に関する事項」が参考になる。

中でも、「言葉による見方・考え方」の説明にある「言葉の意味」については『語彙』、「言葉の働き」については『言葉の働き』、『語彙』、「言葉の使い方」については、『語彙』、『言葉の働き』の他に『言葉遣い』が参考になる。

ただし、学習指導要領の指導事項に示されているものは抽象的な表現がなされており、具体的なイメージがつかみくい。その際には、解説で当該指導事項について書かれたものを読むと具体的なイメージがつかみやすくなる。

例えば、1、2学年の「語彙」については学習指導要領では「オ　身近なことを表す語句の量を増し、話や文章の中で使うとともに、言葉には意味による語句のまとまりがあることに気付き、語彙を豊かにすること」とある。

『身近なことを表す語句』とは一体何か。

解説では「身近なことを表す語句とは、日常生活や学校生活で用いる言葉、周りの人について表す言葉、事物や体験したことを表す言葉などを指す」と書かれている。

学習指導要領よりも随分具体的なイメージが浮かぶ。

これ以上の具体的な表現となると、教材に応じた見方となってくる。

例えば、朝顔の観察文を書く活動の場合には、「事物」を表す言葉として「花の色」「花の数」「背丈」が、より具体的な見方となる。

教科書にも、コラムのような形で見方が示されている場合や手引きにも示されている場合もあるが、各学年の指導事項や解説を参考としながら、具体的な教材レベルで見方を設定したい。

その際、一つの学年に示されている見方を他の学年では使わないという発想ではなく、指導事項の指導の実現の観点から柔軟に見方を設定することが必要である。

知識及び技能に書かれている内容は当該学年の指導内容としてふさわしいものではあるが、各領域の指導を行うときには、他学年に示されているものや学習指導要領には具体的に示されていない見方も必要となる場合がある。

② 各学年で働かせ育てたい考え方

本書では基本的に各学年で働かせたい考え方を下の表のようにまとめた。

低学年	中学年	高学年
比較・定義・類推	因果・分類・帰納	具体－抽象

それぞれの考え方は基本的に該当学年で重点的に意識付けていくものである。また、当該学年だけで働かせるのではなく、当該学年以上でも積極的に働かせていくものである。

各学年ごとの考え方の決め出しは、基本的には学習指導要領の「知識及び技能」の「(2) 情報の扱い方に関する事項」に記載されている内容に基づく。指導要領では以下のように記載されている。

(2) 情報の扱い方に関する事項

	(小) 第1学年及び第2学年	(小) 第3学年及び第4学年	(小) 第5学年及び第6学年
	(2) 話や文章に含まれている情報の扱い方に関する次の事項を身に付けることができるよう指導する。		
情報と情報との関係	ア 共通、相違、事柄の順序など情報と情報との関係について理解すること。	ア 考えとそれを支える理由や事例、全体と中心など情報と情報との関係について理解すること。	ア 原因と結果など情報と情報との関係について理解すること。
情報の整理		イ 比較や分類の仕方、必要な語句などの書き留め方、引用の仕方や出典の示し方、辞書や辞典の使い方を理解し使うこと。	イ 情報と情報との関係付けの仕方、図などによる語句と語句との関係の表し方を理解し使うこと。

低学年では学習指導要領には「比較・定義・類推」はない。学習指導要領には「共通・相違・事柄の順序」と記載されている。これらは概念的思考ではないのだが、共通点や相違点を発見するためにも、順序付けをしていくためにも対象同士を比較するという概念的思考は行われる。

したがって、低学年で働かせ育てていく思考として比較を位置付けている。

定義による思考（以下；定義）は、ある決まりに従って理由付けをしていく思考である。

例えば、友達の家で遊んでいた子が「お母さんが5時になったらおうちに帰らなきゃだめだよって言ったから、帰るね」と言う際に働く思考である。

類推は、ある事柄同士の似ていることを見付け、片方の事柄についてもう一方に当てはめていくものである。「ぼくも友達に『親友』って言ってもらったらうんとうれしいから、かえるくんに『親友』って言ってもらったがまくんもうんとうれしいと思います」という発言の際、働いている思考である。

定義も類推も、小学校低学年の子供の言葉からよく聞かれるものであるため、低学年で働かせ育てていく思考として位置付けた。

学習指導要領では、「原因－結果」について高学年に位置付けられている。

しかし、例えば「読むこと」領域には、中学年の精査・解釈の指導事項として「登場人物の気持ちの変化や性格、情景について、場面の移り変わりと結び付けて具体的に想像すること。」とある。

「登場人物の気持ちの変化」を捉えていくことには、登場人物は何が原因で、どんな気持ちからどんな気持ちに変化したのかを読み取ることも含まれる。従って、因果に関する思考を中学年に位置付けた。

上で挙げた中学年の精査・解釈には「性格」について具体的に想像することも挙げられている。性格を考えていく場合、登場人物の行動を複数取り出し、それらに共通することを一般化した言葉にしていくことが多い。したがって、帰納も中学年の思考として位置付ける。

学習指導要領の情報の扱い方に関する事項には「情報と情報との関係付け」という記載がある。これは、解説に「複雑な事柄などを分解して捉えたり、多様な内容や別々の要素などをまとめたり、類似する点を基にして他のことを類推したり、一定のきまりを基に順序立てて系統化したりすることなど」と説明されている。これらのうちから類推や定義を外したものとして「複雑な事柄などを分解して捉えたり、多様な内容や別々の要素などをまとめ」る思考を具体－抽象として、高学年に位置付けた。

なお、本章末には、学習指導要領以外で、学年別の考え方を決め出す際に活用した参考文献を示した。

(2) 見方・考え方を育て働かせる単元・授業デザイン

学年で育て働かせたい見方・考え方が定まったら授業や単元を通して、育成していく。そのための基本的な単元・授業デザイン、及び、見方・考え方を働かせるスイッチ発問の位置付けについて以下説明する。

❶ 1時間の授業で使って身に付けさせる

1時間の授業で見方・考え方を育て働かせる授業デザインは、その展開において7の原則を踏まえることを基本とする。

7の原則は以下の通りである。

原則1 学習課題の設定	何を目指すのか明確にする
原則2 学びの見通しの共有	スイッチ発問を行い、見方・考え方の見通しを共有させる
原則3 個人追究	個で取り組む機会を設ける
原則4 ペア対話 / 全体対話	対話の働きを使い分ける
原則5 精査・推敲	対話を踏まえ、再度、個人で思考する
原則6 振り返り	3つのポイントで振り返る ※3つのポイントは「何ができたか、分かったか」「どうやったらできたか」、「仲間のどんなよさに気付いたか」の3つの視点のことである。
原則7 活用 / 定着	価値付けし、活用を意識付ける

図式化すると図7のようになる。

7の原則のうち、見方・考え方を働かせ、そして育てていくために重要なのが原則2である。

以下、見方・考え方を働かせていくためのスイッチ発問の3つのパターンを示す。

導入で見方・考え方を教師が示すスイッチ発問

学習課題を設定した後、教師が課題解決の際に働かせる見方・考え方が反映されたスイッチ発問を投げかけるものである。

これは次の二つの場合に使える。

一つは本時学級全体で働かせたい見方・考え方が子どもにとって初出である場合である。子供たちの多くにとって初めて出合う見方や考え方の場

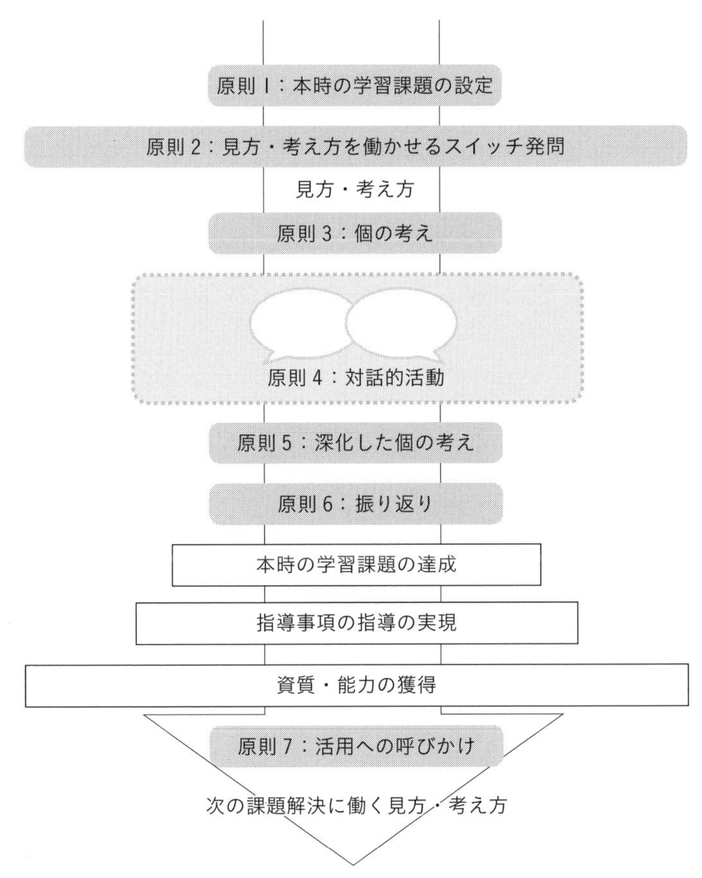

図７　１時間の授業で「見方・考え方」を育て働かせる授業デザイン

合、その考え方に気付かせたり、こちらから説明したりしていくよりも、端的に示したほうが子供の理解が促されると判断する場合にはこの方法を使う。

説明したり、教えたりすることへのためらいをもつ教師もいるだろうが、教えるのは我々教師の仕事である。教えるべきと判断したときは迷いなく教えたい。

二つ目は活動の時間をたっぷり取りたい場合である。

一つ目の場合にも関係するが、見方・考え方を働かせるためのスイッチ発問をしっかりと据えていくのに時間がかかってしまうと活動の時間はどうしても少なくなってしまう。

また、本時の活動量が多い場合に、導入で時間を多く使うことは禁物である。

導入で見方・考え方を子供に気付かせるスイッチ発問

子供が使ってみて、納得したものはその後おおむね自分の力で働かせていく見通しが立つ。

また、一般的に、「この見方・考え方はとてもいいから使ってみましょう」と言われるよりは、自分で見方・考え方を発見したもののほうが積極的に使ってみたいと思うだろう。

では、子供に気付かせるためにはどうすればよいか。

一つはよいモデルから気付かせることである。

これは話すこと・聞くことのスピーチや、書くことの記述などでよく使われるものである。

表現していくための見方・考え方を働かせているものを子供に示し、どんなところがよいか気付かせていき、見方・考え方を引き出すというものである。

この方法は、読むことの精査・解釈にも活用できる。例えば、登場人物の気持ちを問う学習課題に対する反応例を示し、そこで働いている見方・考え方を見付けさせていくというものである。

二つは比較から気付かせることである。

スピーチ等で分かりやすい構成と分かりにくい構成を示し、両者を比較し、どちらが分かりやすいか考えさせ、見方・考え方を共有していく方法である。

導入で既習事項を引き出すスイッチ発問

本時で解決していきたい問題と同じようなタイプの問題に対して働かせたい見方・考え方がある場合には、子供たちからそれを引き出していく。

学習課題を設定した後、「どこに目を付けたらいい？」というようにして見方を尋ねたり、「どう考えたらできそう？」というように考え方を尋ねたりして、見方・考え方を引き出していく。

すぐに出てこない場合には、以前学習した教材を引き合いに出し、「『お手紙』で勉強したときに、がまくんの気持ちはどうやって考えましたか」のように尋ねて、具体の授業で働かせた見方・考え方を思い起こさせていくとよい。

このようにして見方・考え方を働かせ課題を解決していくいわば「明示的な指導※」（奈須（2017）を行うことにより、全員が課題解決を行い、見方・考え方を働かせ、獲得していくことを目指す。

※奈須正裕『「資質・能力」と学びのメカニズム』2017 東洋館出版社

❷ 単元で身に付けさせる

子供たちの中から生み出されてきた見方・考え方を取り上げ、広げることを通して、見方・考え方を働かせ、育てていきたいと願う教師も多い。その際には、単元のデザインを工夫するとよい。

●1時間の授業の中で見方・考え方を意味付け、共有させる。

1時間の授業の途中、全体追究の段階で、本時共有したい見方・考え方を働かせた子供の姿が見られ、そこから、共有を図る場合もある。

授業のイメージとしては図8のようになる。

「読むこと」領域では、何時間かかけて精査・解釈を行っていくことが多い。殊に低学年では、順々に場面ごとの読み取りを行っていくことが多い。

このような流れの場合には、1時間の中で見方・考え方を意味付け共有させる方法は効果的である。

まず、学習課題に対して自分の考えをもたせる。その後の全体追究での意見交換の際に見られた見方・考え方を広げていく。

例えば「お手紙」の第一場面で、玄関で手紙を待っているがまくんはどんな気持ちだっただろうという学習課題を追究する際に、「『とても　ふしあわせ』って書いてあるからすごく悲しい気持ちになっている」といった

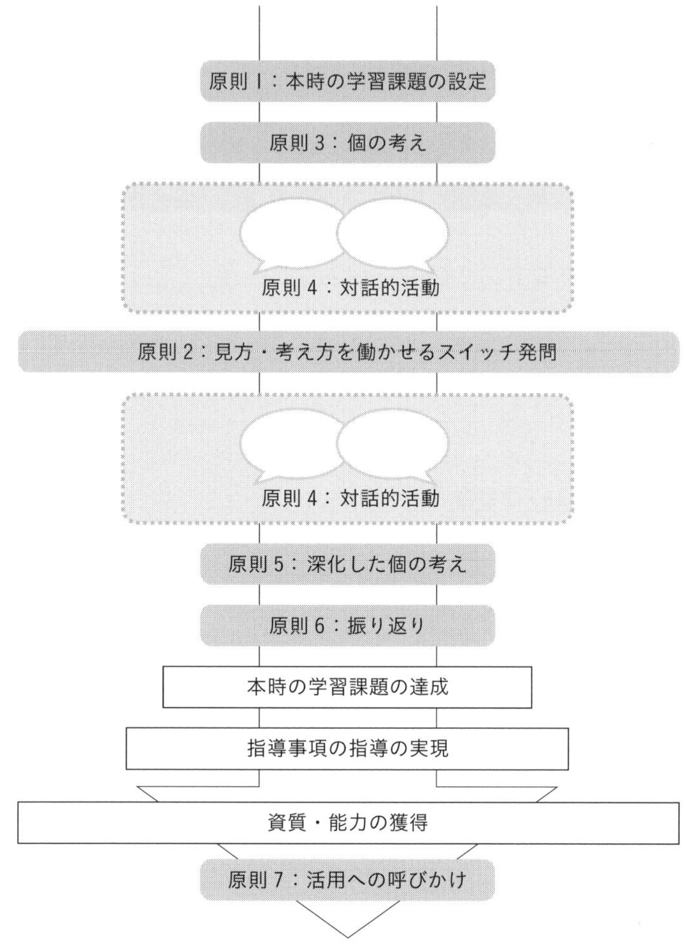

図８　単元を通して「見方・考え方」を育て働かせる授業デザイン

言葉に根拠を置いた発言が見られたときに広げていく。

なぜ「とてもふしあわせ」と書いてあることからすごく悲しいのかと子供に尋ねると、「私も欲しいものがもらえなかったら、とても悲しくなる」といった自分の経験に重ねた発言が出される。そこで、「文章に書いてあるようなことが自分にもあるかなって考える方法」というように名付けをして位置付ける。

また、「とても」がある場合とない場合とを比べさせることで「『とても』っていうのは、『すごく』っていうような意味だから、がまくんはすごく悲しいんだと思う」といった考えを引き出す。そして「言葉のあるなしを比べる方法」というように名付けをして位置付ける。

名付けをすることにより、子供にとっては出合った見方・考え方が頭の中で整理される。このことにより、次に同様の見方・考え方を働かせる必要のある場面での活用が促される。見方・考え方の名前は子供たちに考えさせたほうが、子供の実感を伴い、定着度が上がる。

●前時に出合った見方・考え方を働かせる

名付けた見方・考え方は次時以降積極的に働かせていく。

学習課題を設定した後、子供たちに解決するための見方・考え方を問う。

例に挙げた「お手紙」では、一般的に第一場面での登場人物の様子や行動、気持ちの解釈をしたら、次の時間には、第二場面での登場人物の様子や行動、気持ちを考えさせていく。

「家に帰ってからがまくんのところにもどるまで、かえるくんはどんな気持ちだったのか」といったことが学習課題となる。

学習課題の設定の後、子供たちに「どうやって考えたらいいですか」と尋ねる。そして「文章に書いてあるようなことが自分にもあるかなって考える方法」「言葉のあるなしを比べる方法」を引き出す。

最初は「どうやって考えたらいいですか」と尋ねたときに答えられる子供は少ないかもしれないが、繰り返していくうちに、子供たちは働かせている見方・考え方のよさを実感していく。また、見方・考え方にも馴染んでくる。

単元の後半になると、「どうやって考えたらいいですか」と尋ねると、ほぼ全員が答えられるようになってくる。

●各授業でいろいろな見方・考え方を使い選ばせる

単元の中で働かせたい見方・考え方が共通している場合には繰り返し

使っていく方法が効果的である。

けれども、単元の中で様々な見方・考え方を働かせていく場合も多い。例えば「海のいのち」では、同一のことに対するこだわりの比較といった見方・考え方を働かせ、太一と与吉じいさの関係の読み取りを行う授業もあるし、太一の母の悲しみという言葉から拡散的に悲しみの内容を具体化するということもある。

このように単元の中で、それぞれの授業によって働かせていく見方・考え方が異なる場合には、単元の終盤で、学んだ考え方を選択したり、複数使ったりする活動を設ける。そうすることにより、それぞれの授業で見付け合い、働かせた見方・考え方を定着させていくことにつながる。また、一つの学習課題に対して、複数の見方・考え方を働かせることにより、一層深く、幅広い追究につながる。

「海のいのち」でいえば、クライマックスでクエと対峙した太一の心情を想像する授業で、複数の見方・考え方を駆使することができる。

● 年間指導計画の工夫をする

「読むこと」ではここで述べたことはイメージがつきやすい。

けれども「話すこと・聞くこと」「書くこと」ではなかなか難しい。どちらの領域も、一つの指導事項について活動する時間はそれほど多くはないからである。

その際には1年間を見通した計画を立てることが必要である。

いずれの領域も年間に複数の単元がある。働かせた見方・考え方への名付けをすると共に、教室掲示などをして、子供たちの意識からなくなってしまわないように工夫をする。

そして、次に同じ領域の学習をする際には、子供から引き出せるようにしたい。

「話すこと・聞くこと」と「書くこと」では各学年の指導事項で共通性が高い。「話すこと・聞くこと」で指導したことを「書くこと」で確認することなど、領域間相互で高め合っていくことも可能である。

例えば「話すこと・聞くこと」で「伝えたいことの中心を明確にするた

めには、スピーチの初め・終わりにはっきりと述べる」ということを確認したら、報告文等でもそれを生かすということである。

年間の見通しをもつということは「読むこと」も同じである。

1学期に学習する教材で働かせる見方・考え方を位置付けておき、2学期、3学期にも働かせていくようにすることで、確実に見方・考え方は定着し、教材で付く力も高まっていく。

4 「スイッチ発問」を取り入れた授業デザインと評価の関係

(1) 知識・技能との関連

見方・考え方を働かせるスイッチ発問の「考え方」については、前述したように、学習指導要領の「知識及び技能」の「情報の扱い方に関する事項」に依拠するものが多い。

また、「見方」については同じく学習指導要領の「知識及び技能」の「言葉の特徴や使い方に関する事項」に依拠するものが多い。

したがって、知識・技能に関する評価を行う授業では、見方・考え方そのものを指導し、評価していくということになる。その際、指導事項の文言をより具体化した形で、スイッチ発問を示していく形になる。

例えば、3、4年生で「接続する語句の役割」について理解する授業であれば、具体的な接続語と役割を示し、その接続語を使って適切につなげていく活動を行う。その際、「それぞれのつなぎ言葉の働きに目を付けて、上の言葉と下の言葉をつなごう」というスイッチ発問を行い、子供は接続語の働きに目を付けて、課題を解決していく。

(2) 思考・判断・表現との関連

これまで述べてきたように、各領域の指導事項の指導の実現を図るためには、問題解決にふさわしい見方・考え方を働かせていくことが必要である。

指導事項の指導の実現につながる見方・考え方を示すことはなくても、学習課題を解決し、指導事項の指導が実現された姿に至る子供もいる。けれども、問題解決に有効な見方・考え方が明示されたスイッチ発問を投げかけ、見方・考え方を働かせていくことで、一層多くの子供たちが問題解決することができる。

クラスのどの子も本時の評価規準に到達するために、スイッチ発問を位置付けた授業は有効である。

(3) 主体的に学習に取り組む態度との関連

『小学校国語「指導と評価の一体化」のための学習評価に関する参考資料』(国立教育政策研究所)では、主体的に学習に取り組む態度の評価規準の内容として以下の4点が示されている。

①粘り強さ〈積極的に、進んで、粘り強く等〉

②自らの学習の調整〈学習の見通しをもって、学習課題に沿って、今までの学習を生かして等〉

③他の2観点において重点とする内容(特に、粘り強さを発揮してほしい内容)

④当該単元の具体的な言語活動(自らの学習の調整が必要となる具体的な言語活動)

このうち、①の粘り強さを発揮する子供の育成、及び、②自らの学習の調整をする子供の育成に関し、スイッチ発問を位置付けた授業デザインは効果を発揮する。

まず、①の粘り強さに関してである。

スイッチ発問を効果的に取り入れる授業では、子供が問題解決していくための足掛かりを得ることができる。そのため、課題の難度が子供にとって高すぎるということにはなりにくい。

クラスの子供たち皆が問題解決に向けて歩みを進めることができるため、粘り強さの中に例示されている要素の中の「進んで」学習に取り組むことができる。

次に②の自らの学習の調整についてである。この要素として「学習の見通しをもって、学習課題に沿って、今までの学習を生かして」が例示されているが、特に「見通しをもつ」ことについては、スイッチ発問を取り入れた授業デザインは大きな効果を発揮する。

導入で設定した学習課題の解決に向けて働かせたい見方・考え方が、スイッチ発問を行うことでクラス全体に共有される。

そうすることで子供たちは課題解決の見通しをもち、また「学習課題に沿って」取り組むことができる。

さらに、見方・考え方を蓄積していくことにより、新たな問題と出合ったときに、「どこに目を付けるといいか」「どう考えたらいいか」を子供たちに投げ掛けることで、子供たちは自らの中に蓄えてきた見方・考え方の中から本時働かせられそうなものを探し、使っていく。

このようにすることで「今までの学習を生かして」取り組む姿を実現することにつながる。

●学年別の考え方を決め出す際に参考にした文献リスト

秋田喜代美（1998）『読書の発達心理学―子どもの発達と読書環境』国土社

足立幸男（1984）『議論の論理』木鐸社

安藤照子（1969）「思考と言語」『児童心理学講座4　認識と思考』岡本夏木　他編　金子書房

井上尚美（1998）『思考力育成への方略―メタ認知・自己学習・言語論理―』明治図書

岩永正史（2000）「説明文教材の論理構造と読み手の理解―彼らはどのように『論理的に』考えるのか―」『言語論理教育の探究』井上尚美他編著　東京書籍

植山俊宏　長崎伸仁　難波博孝　間瀬茂夫（1996）「第Ⅰ部　国語能力発達の総合・実証的把握へのアプローチ　第1章　説明的文章領域班」『国語科教育改善のための国語能力の発達に関する総合・実証的研究―平成7年度文部省科学研究費補助金（総合研究（A））研究成果中間報告書―』研究代表者　大槻和夫

植山俊宏　長崎伸仁　難波博孝　間瀬茂夫（1997）「第2部　研究の成果―本調査の分析・検討を中心に―第1章説明的文章領域班」『国語科教育改善のための国語能力の発達に関する総合・実証的研究Ⅱ―平成8年度文部省科学研究費補助金（総合研究（A））研究成果報告書―』研究代表者　大槻和夫

内田伸子　南博文編（1995）講座生涯発達心理学第3巻『子ども時代を生きる―幼児から児童へ―』

金子書房

奥野茂夫（1969）「思考力の形成」『児童心理学講座4　認識と思考』　岡本夏木　他編　金子書房

櫻本明美（1995）『説明的表現の授業－考えて書く力を育てる』明治図書

杉原一昭（1989）『論理的思考の発達過程』田研出版

中村敦雄（1991）『日常言語の論理とレトリック』教育出版センター

難波博孝（2006）「楽しく論理力が育つ国語科授業のための理論」『楽しく論理力が育つ国語科授業づくり』難波博孝・三原市立木原小学校　著　明治図書

西垣順子（2003）『児童期後期における読解力の発達に関する研究』北大路書房

丸野俊一（1983）「文章の理解と記憶の発達」『記憶と思考の発達心理学』山内光哉　編著　金子書房

山元隆春（2005）『文学教育基礎論の構築―読者反応を核としたリテラシー実践に向けて』溪水社

Ⅱ

実践編

1年（読むこと）働かせたい「見方・考え方」：1比較

教材「たぬきの　糸車」（光村図書）

単元の学習問題：みんなでたぬきさんにへんしんして、きもちを考えよう

スイッチ発問 ? 変身読みをして、言葉があるときとないときを比べてみよう（第6時）

育てたい資質・能力

〈知識及び技能〉

言葉には意味による語句のまとまりがあることに気付き、語彙を豊かにすることができる。

〈思考力、判断力、表現力等〉

物語の内容の大体を捉え、登場人物の気持ち・行動を具体的に想像することができる。

〈学びに向かう力、人間性等〉

言葉がもつよさを感じると共に、楽しんで読書をし、国語を大切にして、思いや考えを伝え合おうとする。

教材の可能性

本教材には、愛くるしいたぬきが登場する。たぬきに関する叙述をみていくと、たぬきの気持ちが直接表現で書かれている箇所はない。その分、それぞれの子供たちがたぬきの気持ちを想像する余地は大きく、また、互いが想像したたぬきの気持ちを聞き合う中、多様な考えと出合う可能性も大きく、楽しく、読みを深めていくことができる。その際、国語の学習として肝心なことは、子供たちの読みが、物語の展開と言葉の意味を押さえた想像となっていることである。

言葉の意味を押さえた想像をするために働かせる見方・考え方が、教材文に書かれている言葉の有無による意味の違いの比較である。1年生には難しい、ということはない。むしろ、言葉に対する感性がみずみずしい彼らは、実に豊かな発想をするし、低学年の頃から言葉の感覚を磨くことの

積み重ねをすることが語彙の拡大にもつながる。ただ、気付いたことを筋道立てて述べることは難しいことである。したがって、想像したことを会話文の形で表現させたり、動作化させたりすることで、その子の思いを表せるようにすることが必要である。

また、子供たちにこのような読みをさせていくとどうしてもその場面のみで考えがちである。物語の展開から逸脱しないよう心を配りたい。

見方・考え方を働かせ育てていく単元展開

時	学習課題	見方・考え方	学習活動
1	「たぬきの糸車」をすらすら読めるようになろう	教材文の言葉に着目し、繰り返し音読する	○題名からどんな物語か想像する。 ○教師の範読を聞く。 ○教師の後に続いて音読する。 ○隣同士やグループ等で一文交代読みを行う。
2	「たぬきの糸車」の感想をまとめよう	心に残った箇所と思ったことを書く **スイッチ発問? 心に残ったところとどんなことを思ったかノートに書こう**	○全文を音読する。 ○感想を書く。 ○感想を交流する。 ○たぬきの気持ちを考えるという単元の学習問題を設定する。
3、4	どんな話か詳しく確かめよう	各場面の時・場・人物を取り出し、出来事をまとめる **スイッチ発問? いつ、どこで、だれがでてきて、どんなことがあったのか見つけよう**	○一場面から順に時間の設定を規準にして物語を五つに分け、三つの設定と出来事を整理していく。
5、6	いろいろな場面でのたぬきさんの気持ちになってみよう	言葉の有無の違いによる意味を比較する **スイッチ発問? 変身読みをして、言葉があるときとないときを比べてみよう**	○オノマトペ等の言葉の有無による意味の違いを比較して、たぬきの気持ちを想像する。 ○想像したたぬきの気持ちを会話文にしたり、動作化したりして表現し合う。

7	自分の好きな場面でのたぬきさんになってみよう	たぬきの行動描写に着目し、気持ちを会話文と動作化で表す **スイッチ発問 ? たぬきさんのしていることに目を付けて、たぬきさんに変身してみよう**	○好きな場面でのたぬきの言葉や動作を想像する。 ○隣の子とペアになり、片方の子が地の文やおかみさんの会話文を読み、もう片方の子がたぬきを演じるようにして、練習する。
8	みんなでたぬきさんになってみよう	友達が演じるたぬきの言葉や動作に着目し、自分の想像と比較する **スイッチ発問 ? 友達のたぬきと自分を比べながら聞こう**	○互いの想像したものを発表し合う。 ○自分がしていたことと比較して感想を述べ合う。

見方・考え方を働かせ育てるためのピックアップ授業 第6時

○本時の目標

たぬきが山に帰っていく場面で、言葉の有無による違いを比較して、たぬきの言葉を考えたり、動作化したりしていくことにより、機嫌よく山に帰るたぬきの気持ちを想像することができる。〈思・判・表C (1) エ〉

○本時の評価

「読むこと」において、言葉の有無を比較し、たぬきの気持ちを想像している。(思考・判断・表現)

○この授業で働かせ、育てていく見方・考え方

「言葉の有無を比較する」

子供たちは、文中の言葉があるときとないときを比較し、雰囲気や意味の違いを考えている。しかしながら、小学校1年生の発達の段階では、文脈から離れ、その言葉そのものに対する思考にとどまることが多い。

そこで、その場面で、たぬきはどんな言葉を心の中で発していたのかを想像させたい。こうすることで、子供を、物語の中で思考させていきたい。「『ぴょんぴょこ』踊りながらなんだから、たぬきはどんなことを言っていると思いますか」と尋ねると、子供からは、「あー、楽しかった」と言った反応があるだろう。その際、理由を尋ね、「糸が上手にできるようになったから」等、文脈に沿った考えを引き出すことが大切である。

○授業展開

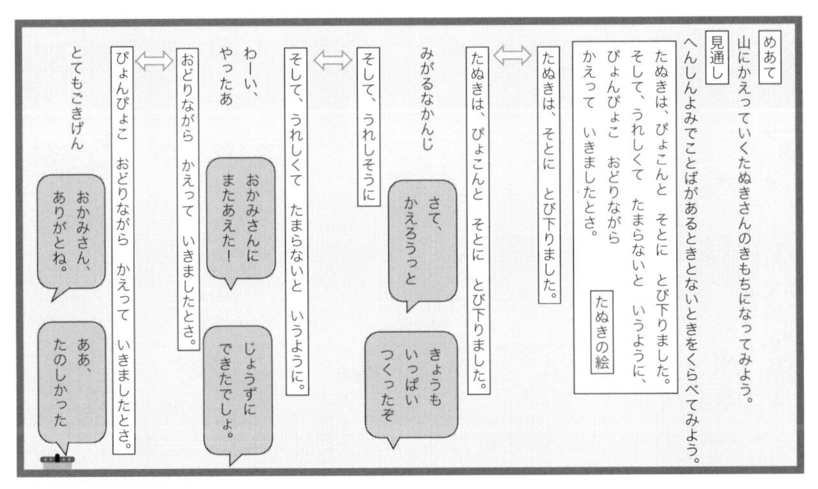

 発問　 確認　 指示　Ⓒ 子供の発言

導入 ▶ 原則1：学習課題の設定

今まで思い浮かべてきたたぬきさんの気持ちを思い出しながら、初めから一度音読しましょう。

－一文交代読みをする－

冬になって、村へ降りていったきこりの夫婦は、春になるとどうしましたか。

Ⓒ 山奥の小屋に戻ってきました。

小屋の戸を開けたとき、おかみさんは驚いてしまいますね。一体何に驚いたのでしょう。

Ⓒ 板の間に白い糸の束が山のように積んであったりしたことです。

？ 山のように積んであるということは、どのくらいの糸があったのでしょうか。

Ⓒ とてもたくさんです。

？ 次に、土間でご飯をたき始めたおかみさんは、またびっくりします。どんなことがあったのでしょうか。

Ⓒ 誰もいないはずなのに、キーカラカラ、キークルクルと糸車の回る音がしてきたことです。

？ 糸を紡いでいたのは誰だったのですか。

Ⓒ いつかのたぬきです。

？ たぬきはちゃんと糸を紡ぐことができていたのですか。

Ⓒ 「じょうずな手つき」って書いてあるからちゃんとできていたと思います。

Ⓒ 「おかみさんがしていたとおりに、たばねてわきにつみかさねました」って書いてあるから、後片付けみたいなこともちゃんとできていました。

？ その後、たぬきはどうしましたか。

Ⓒ おかみさんがのぞいているのに気が付いて、帰っていきました。

？ そうですね。たぬきは、どんな感じで帰っていきましたか。

Ⓒ 「ぴょんぴょこおどりながら」帰っていきました。

Ⓒ 「うれしくてたまらないというように」帰っていきました。

？ 帰っていく場面のたぬきの気持ちは書いてありますか。

Ⓒ あります。「うれしくてたまらない」って書いてあります。

場面の様子を詳しく確認することで、子供たちの思考を物語の中にしっかりと入れていく。

? そうですね。たぬきさんの気持ちはここには書いてありませんね。「ぴょんぴょこおどりながら」たぬきさんはどんな気持ちで、何て言っていたのでしょうね。今日は、帰る場面でのたぬきさんの気持ちにみんなでなってみましょう。

Ⓒ でも「うれしくてたまらない『というように』」と書いてあるので、気持ちは書いていないと思います。

▶ 原則２：見通しの設定

? 帰っていく場面でのたぬきさんの気持ちになるために、どんなことをしたらいいでしょうか。

Ⓒ この間勉強した「へんしんよみ」です。

? 変身読みって、どういうことをするのでしょうか。

Ⓒ 言葉を取って変えちゃうものです。

Ⓒ 変身したものと教科書を比べっこします。

そうですね。元々ある文から、言葉を取ってしまって、昔話のたぬきみたいに変身させてしまって元々の文と比べっこするのでしたね。

スイッチ発問 ？ 変身読みをして、言葉があるときとないときを比べてみましょう

今日はみんなで、「たぬきは、ぴょこんと　そとに　とび下りました。そして、うれしくて　たまらないと　いうように、ぴょんぴょこおどりながら　かえって　いきましたとさ。」のところの変身読みをしていきましょう。

展開 ▶ 原則４：共同追究

？ では、どんな言葉からやっていきますか。

Ｃ「ぴょこんと」がいいです。

> キークルクルのようなオノマトペへの着目を前時までに行っておくと、オノマトペへの着目はしやすい。子供から出てこない場合、ここでは教師から提示し、次は子供に気付かせていくようにして、少しずつ、子どもの力でできるようにしていきたい。

？ 分かりました。それでは、みんなでやってみましょう。「たぬきはぴょこんととび下りました」が変身した「たぬきはそと

Ｃ たぬきさんがかわいい感じです。

Ｃ たぬきさんはとっても身軽だ

にとび下りました」。これを「たぬきはぴょこんととび下りました」と比べてみましょう。「ぴょこんと」があるとどんな感じがしますか。

と思います。

そうですね。みんなもたぬきさんになってぴょこんととび下りてみましょう。「たぬきは、ふいに」から「とび下りました」まで一回読んだら、ぴょこんととんでみましょう。では立ってやってみましょう。

－音読、動作化する－

ぴょこんととび下りたたぬきさん、何て言っていますか。

C さて、帰ろうっと！

どうしてそう言ったのですか。

C ご機嫌でおうちに帰ろうとしているからです。

C 私は、「今日も、いっぱいつくったぞ」です。糸を積み重ねていたからです。

糸を積み重ねておくほどたくさん頑張ったので、満足しているということですね。では、次は何を変身させますか。

C 「うれしくてたまらない」がいいです。

「そして、うれしそうに」と「そして、うれしくて　たまらない　というように」で比べてみま

C 「うれしそうに」だと、普通にうれしい感じがするけれど、「うれしくてたまらない」になると、

しょうか。二つを比べてみるとどんな違いがありますか。

はじめに共同追究を入れて、考え方の共通理解を図る。また、「うれしくてたまらない」の内容は、いくつか考えられるので、子供にじっくり考えさせたい。

最高にうれしい感じがします。

Ⓒ「たまらない」んだから、「わーい、やったー」と言いたいくらいうれしいと思います。

展開 ► 原則 3：個人追究

? では、ここでのたぬきさんの言葉を、ノートに書いてみましょう。いくつ書いてもいいです。

物語が盛り上がる場面では、登場人物の気持ちは複数考えられることが多い。また、低学年の子供にとっては長く筋道立てて考えるより、いくつも考えてみることのほうが取り組みやすく、思考を活発にする活動になる。

展開 ► 原則 4：共同追究

? ノートに書いたことを発表し合いましょう。

Ⓒ「おかみさんにまた会えた！」です。

? どうしてそう考えたのですか。

C 冬の間、たぬきはずっとおかみさんに会えなかったんだけれど、今日はおかみさんがこっちを見てくれていたので、とってもうれしかったからです。

? おかみさんにずっと会えていなかったから、久しぶりに会えてうれしかったのですね。では、他にありますか。

C 私は「じょうずにできたでしょ」です。

? どうしてそう考えたのですか。

C 冬の間、きっと頑張って、おかみさんがやっていた通りに糸を紡げるようになって、うれしいと思うからです。

? 上手にできるようになって満足しているということですね。他にもありますか。

C 「おかみさん、じょうずになったところ、きっと見てくれたよね」です。

? どうしてそう考えたのですか。

C おかみさんがのぞいているのに気が付いたとあるので、たぬきさんは、上手に糸を紡いでいるところをおかみさんが見てくれたと思ったからです。

C 私も似ていて、冬の間ずっと練習してうまくなったので、きっと命を助けてくれた大好きなおかみさんに見せたいと思っていたんだけど、見てくれたからうれしいと思います。

たぬきじるにされるのを助けてくれた大好きなおかみさんが、自分が上手に糸を紡げるようになったところを見てくれたから、うれしいということですね。おかみさんにまた会えてうれしい、糸を上手に紡げてうれしい、それから、上手に紡げるようになったところを見てもらってうれしい、というように、三つもうれしい中身があったのですね。

C だから、うれしくて「たまらない」んだ。

? きっとそうですね。たぬきさんの気持ちがいっぱい分かってきましたね。では、最後にもう一つ、変身読みをしてみましょう。どこにしましょうか。

C 「ぴょんぴょこおどりながら」がいいです。

? 「おどりながらかえっていきましたとさ」と「ぴょんぴょこおどりながらかえっていきましたとさ」を比べてみましょう。

C 「ぴょんぴょこ」がつくと、とてもご機嫌な感じがします。

では、たぬきさんになって一度やってみましょう（音読・動作化）。

? たぬきさんは何て言っていますか。

C ああ、楽しかった。たくさん糸を紡げたからです。

C おかみさん、ありがとね。

どうしてそう考えたのですか。

C 助けてもらったし、糸も紡がせてもらったからです。

いろいろなありがとうが詰まっているのですね。

終末 ▶ 原則６：振り返り

たぬきさんが山に帰るところでの気持ちがいっぱい分かりましたね。変身読みでみなさん、たぬきさんになれましたか。

C なれました。

終末 ▶ 原則７：活用への呼びかけ

次の時間は、みなさん一人一人が好きなところを選んでたぬきさんになってみましょう。

1年（読むこと）働かせたい「見方・考え方」：1 比較

教材「子どもを　まもる　どうぶつたち」（東京書籍）

単元の学習問題：オオアリクイとコチドリではどっちがあんぜんなんだろう

目の付けどころを決めて、表にまとめて比べよう（第5時）

育てたい資質・能力

〈知識及び技能〉

共通、相違、事柄の順序などについて理解することことができる。

〈思考力、判断力、表現力等〉

事柄の順序を考え、内容を捉えたうえで、文章の中の大事な語を選び出し、感想をもつことができる。

〈学びに向かう力、人間性等〉

言葉がもつよさを感じると共に、楽しんで読書をし、国語を大切にして、思いや考えを伝え合おうとする。

教材の可能性

本教材は、オオアリクイとコチドリを取り上げ、それぞれの動物が敵に襲われたときにどのように子供を守るのかを説明している。それぞれの動物がどのような生態であるか、敵に襲われたときにライオンのように子供を口にくわえて逃げられないのはなぜか、そのため、どのようにして子供を守るのかといった観点に沿い、説明がなされている。観点は揃っているが、それぞれの動物が抱えている事情や工夫はまったく異なる。

そこで、本教材では、観点に沿って書かれていることを取り出し比較するという見方・考え方を育て、働かせていく。

その際、子供たちが興味をもつことはやはり、どちらの動物のほうがより安全かということである。この教材が面白い点は、多様な結論が出るということである。親子に目を付け、オオアリクイの親子のほうがコチドリの親子より安全と考える子もいれば、反対の考えの子もいる。また、親同士を比較したり、子供同士を比較したりといった比べ方もできる。

説明文に書かれている生まれたばかりの肉食動物と草食動物を比べ、どちらが独り立ちに近いかといった課題では、説明されている両者を比較することで、ほぼ単一の結論となる。確実に力を付けていくにはそういった教材も意味が大きい。けれども本教材は読み手により結論は異なる。しっかりと読み取り、比較し、説明し、聞くという意欲をもたせることができる。

見方・考え方を働かせ育てていく単元展開

時	学習課題	見方・考え方	学習活動
1	「子どもを　まもる どうぶつたち」をすらすら読めるようになろう	教材文の言葉に着目し、繰り返し音読する	○動物は子供をどうやって守るのか想像し合う。 ○教師の範読を聞く。 ○教師の後に続いて音読する。 ○隣同士やグループ等で一文交代読みを行う。
2	「子どもを　まもる どうぶつたち」の感想をまとめよう	心に残った箇所と思ったことを書く **スイッチ発問？ 心に残ったところとどんなことを思ったかをノートに書こう**	○全文を音読する。 ○感想を書く。 ○感想を交流する。 ○オオアリクイとコチドリではどちらが安全なのか考えるという単元の学習問題を設定する。
3、4	書いてある順番に沿ってオオアリクイとコチドリの様子を知ろう	オオアリクイの様子が書かれている順を把握し、その順でコチドリの説明を読み取る **スイッチ発問？ オオアリクイの説明はどんな順番で書かれているだろうか** **スイッチ発問？ オオアリクイについて書いてある順でコチドリについてもまとめよう**	○「オオアリクイの口はなぜ細長いのですか」等教材文に答えがある問題を解く。 ○問題を解きながら、何がどんな順番で書かれているかを整理する。 ○オオアリクイについて書いてある順に沿い、コチドリについて読み取っていく。

5、6	オオアリクイとコチドリではどちらが安全だろうか	二つの動物の説明を観点に沿って表にまとめ、比較する **スイッチ発問❓ 目の付けどころを決めて、表にまとめて比べよう**	○観点を揃え、二つの動物についての教材文の説明を取り出す。 ○安全なのはどちらかについて観点を決めて比較する。 ○互いの考えを述べ合い、新たに自分の考えをもつ。
7	オオアリクイとコチドリのお母さんに手紙を書こう	子供の守り方について感心した点を取り上げ、理由を添えて思いを述べる **スイッチ発問❓ 子供の守り方でさすがと思ったことについてわけを付けて、メッセージを書こう**	○それぞれの動物の子供の守り方について素晴らしいと思ったことを取り出す。 ○理由を添えて、思ったことを書く。 ○自分がその動物の赤ちゃんになったつもりで書いてもよい。
8	みんなの書いた手紙を読み合おう	それぞれ感心した点や理由を比較する **スイッチ発問❓ 友達は「どんなこと」が「なぜ」素晴らしいと思っているのか知り合おう**	○互いの書いた手紙を読み合う。 ○自分の考えと比較して感想を伝える。

見方・考え方を働かせ育てるためのピックアップ授業 第5時

○本時の目標

オオアリクイとコチドリはどちらが安全か自分の考えをもつという目的をもち、観点を揃えてそれぞれについての説明を表にまとめ、比較することを通して、どちらが安全か考えをもつことができる。〈思・判・表C (1) ウ〉

○本時の評価

「読むこと」において、オオアリクイとコチドリの両者を比較して、どちらが安全か自分の考えをもっている。(思考・判断・表現)

○この授業で働かせ、育てていく見方・考え方

「観点に沿って比較する」

子供たちはまず、「子供の守り方」や「守り方の理由」に着目するだろう。そのうえで、さらに具体的な見方を働かせて、どちらのほうが安全かを判断していきたい。例えば、「オオアリクイは二人で逃げているからライオンとかに襲われたら二人とも食べられちゃうけど、コチドリはお母さんが別の所に行くから、もし、お母さんに何かあっても子供は助かるからコチドリのほうが安全です」のような意見が出てくるだろう。このときに、「『二人が一緒にいるか』について考えたんだね」というように見方について意識化していくことが、見方の広がりについては大切である。

○授業展開

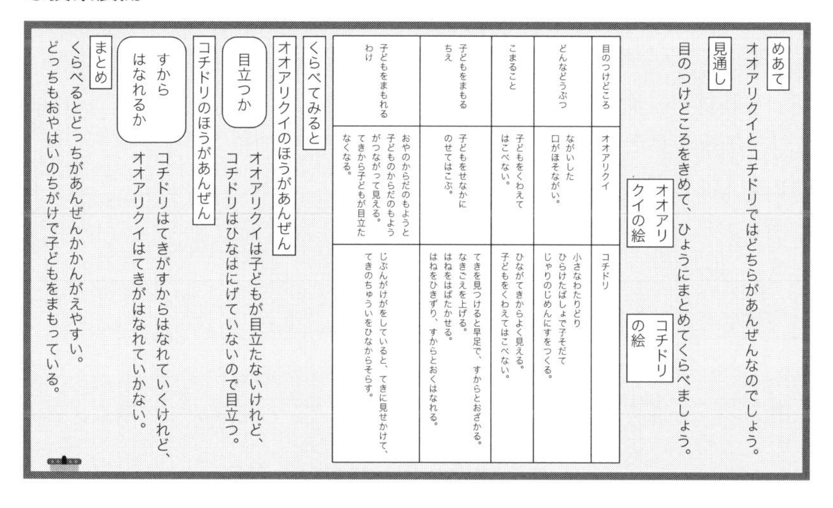

発問　確認　指示　子供の発言

導入 ▶ 原則１：学習課題の設定

今日はいよいよオオアリクイとコチドリはどちらが安全なのか考	はーい（挙手多数）。

えていきましょう。まず、オオアリクイのほうが安全だと思う人？

？ コチドリだと思う人？

C はーい（挙手多数）。

立場を決めさせることで、相手を説得したいという思いと、追究への積極性が生まれる。

▶原則２：見通しの設定

いろいろな考えがありますね。今日は、自分はオオアリクイとコチドリではどちらが安全なのかの考えをしっかりとつくっていきましょう。どちらが安全かを考えるわけなので、両方を比べてみる必要がありますね。

スイッチ発問 ？ そこで今日は、目の付けどころを決めて、表にまとめて比べていきましょう

？ まず、オオアリクイとコチドリはそれぞれどんな動物でしたか。

C オオアリクイは長い舌をもっていて、口は細長いです。

C コチドリは小さな渡り鳥で、開けた場所で子育てをします。

C 砂利の地面に巣を作ります。

これから表を作ってまとめていきます。先生が黒板に書く表と同じようにみなさんもノートに表を作っていきましょう。

? 目の付けどころについて、一緒に考えていきましょう。さっきみなさんが言ってくれたことの目の付けどころは何でしょう。

Ⓒ「どんな動物か」です。

? 他にはどんな目の付けどころがありますか。

Ⓒ お母さんが困ることです。

Ⓒ 子供を守る知恵です。

Ⓒ その知恵で、子供を守れる「わけ」です。

? そうですね。では、その目の付けどころに沿って、オオアリクイとコチドリそれぞれのことについて教科書から見付けていきましょう。

展開 ▶ 原則３：個人追究

目の付けどころに沿って書き出していけるよう机間指導していく。

展開 ▶ 原則４：共同追究

?「お母さんが困ること」を出してください。

Ⓒ オオアリクイは「子どもをくわえてはこぶことができません」です。

Ⓒ コチドリは「ひながてきからよく見えてしまいます。」です。

Ⓒ 付け足しでオオアリクイと同じで「ひなをくわえてはこぶことができません。」です。

❓ 次に「子供を守る知恵」を出しましょう。

Ⓒ オオアリクイは「子どもをせなかにのせてはこびます。」です。

❓ コチドリはたくさんあるので一人一つずつ言ってください。

Ⓒ コチドリは「てきを見つけると早足で、すからとおざかります。」

Ⓒ「なきごえを上げ、はねをバサバサとはばたかせます。」

Ⓒ「はねをひきずりながらよろよろとあるいて、すからとおくはなれます。」

❓ 最後に、その知恵で子供を守れるわけについて出しましょう。

Ⓒ オオアリクイは、「おやのからだのもようと、子どものからだのもようがつながって見え、てきから子どもが目立たなくなる」からです。

Ⓒ コチドリは「じぶんがけがをしているとてきに見せかけて、てきのちゅういをひなからそらす」からです。

❓ では、表にまとめたことを基にして、オオアリクイとコチドリではどちらが安全か考えてみましょう。表に書いたことを使って

Ⓒ 私は、オオアリクイは子供が親と模様がつながっているので、目立たないけれど、コチドリは、ひなは巣に置いていかれてしまう

わけも考えましょう。

ので、目立ってしまって危ないから、オオアリクイのほうが安全だと思います。

なるほど。今は、オオアリクイの子供を守れるわけにある「目立つか」という目の付けどころから考えたのですか。

Ⓒ そうです。

オオアリクイのほうが安全だと考えた人、他にどうでしょうか。

Ⓒ 私もオオアリクイのほうが安全だと思います。オオアリクイは子供を背中に乗せて運んでくれるので、親と一緒に敵から逃げられるけれど、コチドリは親が一緒に逃げてくれないので、一人ぼっちになってしまうからです。

そうですね。みなさん、今のAさんの意見の目の付けどころが分かりますか。

Ⓒ 親と一緒に逃げるかです。

教師がモデルを示した後、慣れてきたら子供たちに考えさせていきたい。

Aさん、それでいいですか。

Ⓒ いいです。

では次に、コチドリのほうが安全という意見を聞いていきま

Ⓒ コチドリは親が敵の注意を引き付けるから、敵がひなから離れ

しょう。

ていくので子供は安全だけれど、オオアリクイは敵が離れていかないから、親子で敵に食べられてしまうかもしれません。

? **そうですね。それからBさんは、子供の安全を一番に考えたのですね。そろそろ時間ですが次回も友達の考えを聞いてみたいですか。**

Ⓒ はい。

では、次回も、どっちが安全か聞き合いましょう。

終末 ▶ 原則6：振り返り

? **目の付けどころを決めて比べてみましたが、どうでしたか。**

Ⓒ 比べるとどっちが安全か、考えやすいと思いました。

Ⓒ オオアリクイもコチドリも、どっちも親は子供を守るために命をかけていると思いました。

終末 ▶ 原則7：活用への呼びかけ

目の付けどころを決めて比較することによる考えやすさや、親の姿の素晴らしさを確認し、次回、どんな目の付けどころからの意見が聞けるか期待させる。

2年（読むこと）働かせたい「見方・考え方」：1比較3類推

教材「お手紙」（光村図書）

単元の学習問題：がまくんとかえるくんはどのくらいなかよしなんだろう

自分と重ねて、よろこんでいるわけを考えよう（第9時）

育てたい資質・能力

〈知識及び技能〉

身近なことを表す語句の量を増し、話や文章の中で使うことができる。

〈思考力、判断力、表現力等〉

物語の内容の大体を捉え、登場人物の行動を想像すると共に、自分の体験と結び付け、感想をもつことができる。

〈学びに向かう力、人間性等〉

言葉がもつよさを感じると共に、楽しんで読書をし、国語を大切にして、思いや考えを伝え合おうとする。

教材の可能性

かえるくんとがまくんの友情を描いた本教材では、二つの見方・考え方を働かせて、物語の世界を楽しむことができる。

一つは、自分の体験を基に類推することにより、かえるくんやがまくんの様子や気持ちを想像することである。

小学校も2年生になると、学校では一つ先輩の学年となる。我慢することも増えてくる。自分の思う通りにならないことに対する悲しみは、玄関で自分への手紙を悲しい気持ちで待つがまくんと重なる。

また、2年生は、1年生に比べ、友達の範囲も増え、友達との関係も強くなってくる。がまくんの切ない思いに共鳴していくかえるくんの気持ちは、そんな2年生の子供たちにとって想像することは難しくはない。

以上のように、かえるくんやがまくんの行動や気持ちは、子供たちの体験から類推していきやすい。そのため、自分の体験から類推し、解釈する力を付けていくために本教材は好適である。

二つは、複数の作品と比較することで、登場人物の様子を想像することである。がまくんやかえるくんは本教材が収められている「ふたりはともだち」シリーズで様々な面を見せてくれている。

それらを本教材と比較して読むことで、二人の様子を多面的に理解することができる。

見方・考え方を働かせ育てていく単元展開

時	学習課題	見方・考え方	学習活動
1	「お手紙」を読んで心に残ったことを出し合おう	根拠に基づいて意見をもつ **スイッチ発問 ? どこからどんなことを思ったのか出し合おう**	○全文を音読する。 ○心を動かされた箇所を取り上げ、思ったことを交流し合う。 ○単元の学習問題をもつ。
2〜4	それぞれの場面の出来事をまとめよう	各場面から時・場・人物・出来事を取り出す **スイッチ発問 ? いつ、どこで、誰がどんなことをしたのか見付けよう**	○全文を音読する。 ○場所・時を観点にして四つに場面分けをする。 ○各場面のあらすじを作る。
5〜8	それぞれ場面でのかえるくんとがまくんの気持ちを思い浮かべよう	会話文や行動描写に着目し、自分の体験から類推し、気持ちを想像する **スイッチ発問 ? 自分と重ねて、気持ちを思い浮かべよう**	○かえるくんやがまくんの会話文や行動描写を取り出す。 ○相手の行動・言動に対してどのように反応しているか確認する。 ○どんな気持ちだったのかを想像する。
9	がまくんは4回喜んでいるときに、心の中で何て言っているのかな	自分の体験から類推し、がまくんの喜びの様子を想像する **スイッチ発問 ? 自分と重ねて、よろこんでいるわけを考えよう**	○がまくんの喜びが感じられる箇所を探す。 ○喜びの内容は同じか考える。 ○どんな点で喜びに違いがあるのかを想像し合う。

10	「ひとりきり」と「お手紙」を比べて、二人はどれだけ仲よしかを見付けよう	会話文や行動描写、気持ちが書かれている表現に着目し、二つの作品を比較する **スイッチ発問？二つのお話の、二人のしたこと、会話、気持ちを比べてみよう**	○「ひとりきり」を全文音読する。 ○あらすじを確認する。 ○「お手紙」と比較して、「ひとりきり」での二人の共通点や相違点を出し合う。 ○どのような仲のよさといえるのか考え合う。
11～13	選んだ作品からの二人の仲のよさを見付けよう	二人の関わり合い方に着目し、取り出し、自分と比べる **スイッチ発問？互いの相手に対する反応を自分と比べてみよう**	○シリーズ作品を読み、二人の関係をまとめ、感想をもつ。 ○互いに紹介し合う。 ○気になった作品を読み、感想をもつ。

見方・考え方を働かせ育てるためのピックアップ授業　第９時

○本時の目標

物語の後半のがまくんが喜びを感じている箇所について自分の体験から類推することを通して、がまくんの様々な喜びを想像することができる。〈思、判、表Ｃ（1）エ〉

○本時の評価

「読むこと」において、がまくんの気持ちを自分の体験から類推して想像している。（思考・判断・表現）

○この授業で働かせ、育てていく見方・考え方

「自分の体験から類推する」

「お手紙」の後半では、かえるくんが手紙を書いたことを話す箇所、手紙の内容を話す箇所、手紙を待っている箇所、手紙をもらう箇所の四か所にがまくんの喜びやうれしさが表れている。これらの箇所は子供にとってすべて「うれしい」で一括りにされてしまいがちなところでもある。そこで、それぞれの箇所の違いを、低学年の子供にとって最もイメージがわきやすい自分の体験からの類推をさせていくことで実感させていきたい。

なお、自分の経験に寄せていく読みは、登場人物の気持ちを実感的に想像させていくためには効果的であるが、物語の文脈とは離れてしまいがちである。本時では、実感的な想像を優先してプランを提示しているが、文脈から離れた意見が連続して出される場合には、物語の状況の確認をする必要がある。また、子供から出された意見を教師が文脈につなげていく受け止めをすることも必要である。

○授業展開

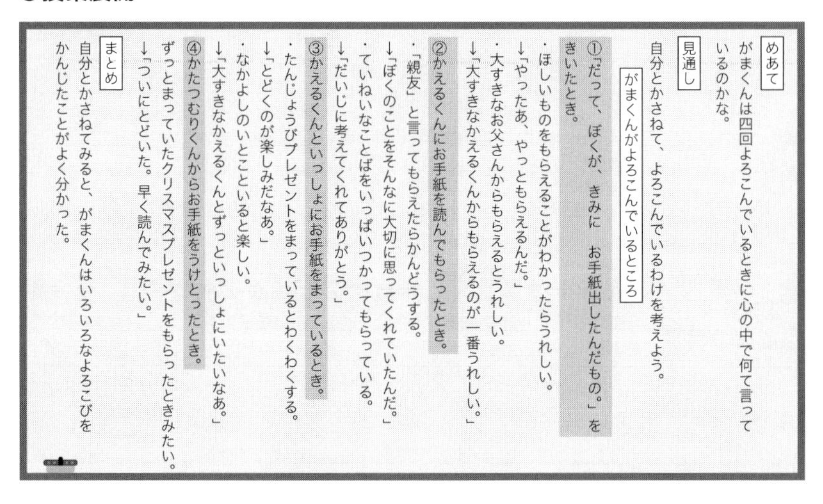

発問  確認  指示 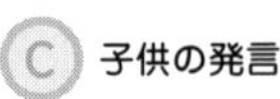 子供の発言

導入 ► 原則1：学習課題の設定

今まで勉強してきて、がまくんが喜んでいるところはいくつありましたか。

四つでした。

それはどこでしょう（発言を聞き、板書していく）。

「だって、ぼくがきみにお手紙出したんだもの。」を聞いたときです。

①かえるくんに手紙を書いたことを聞いたとき
②かえるくんに手紙の内容を聞いたとき
③かえるくんと一緒にお手紙を待っているとき
④かたつむりから、お手紙を受け取ったとき

C かえるくんにお手紙を読んでもらったときです。
C かえるくんと一緒にお手紙を待っているときです。
C かたつむりくんからお手紙を受けとったときです。

? 四つの喜んでいることの中身は同じでいいですか。どれも同じ「うれしさ」ですか。

C いいです。
C 少し似ているけど、違うと思います。

では、今日は、がまくんは四回喜んでいるときに、心の中で何て言っているかについて考えていきましょう。

低学年の子供にとっては、気持ちを想像させる際に会話文の形で表現させることで、想像しやすくなる。今回のように、やや細かな違いに目を向けさせる場合には特に効果的である。

▶ 原則２：見通しの設定

？ さっき四つの喜びは違うといった人、もう少し詳しく言えますか。

Ⓒ かえるくんからお手紙をもらえることが分かったときと、本当にもらえたときでは違うと思います。

？ なぜそう思うのですか。がまくんは心の中で何て言っていると思いますか。

Ⓒ 例えばぼくの場合だと、おばあちゃんからプレゼントがあるよって聞いたときには「うれしいな、何だろう」と心の中で言って、実際にもらったときには「これだったんだ、わーい」と、言うからです。

考えの理由を問い、発言の中で働かせている見方・考え方を取り上げて、共有させていく。

がまくんの気持ちを自分と重ねてみたのですね。自分と重ねてみるとがまくんの気持ちを見付けやすそうですね。

スイッチ発問 ？ では、自分と重ねて、喜んでいるわけを考えてみましょう

展開 ▶ 原則３：個人追究

ノートに「ぼくも（わたしも）…になるから、①のときは心の中で○○と言っていたと思います。」

といったように書きましょう。①から④を順番に考えていってもいいですし、自分が考えやすいところから考えていってもいいです。

展開 ▶ 原則4：共同追究

? では、①の「だって、ぼくがきみにお手紙出したんだもの」を聞いたときについて、考えたことを出してください。

C 私は、ずっと欲しかったものをもらえることを教えてもらったらうれしいから、がまくんは心の中で、「やったあ、やっともらえるんだ」と言っていると思います。

C ぼくは、大好きなお父さんから贈り物をもらえるのが一番うれしいから、がまくんも、「大好きなかえるくんが手紙をくれるのが一番うれしいよ」って言っていると思います。

? ずっと欲しかったものが、しかも大好きな人からもらえるなんてことを聞いたらすごくうれしいですね。では、②のかえるくんにお手紙を読んでもらったときはどうですか。

C ぼくは、友達から「親友」と言ってもらえたら感動するから、がまくんも「ぼくのことをそんなに大切に思ってくれていたんだ」と言っていると思います。

C 丁寧な言葉をいっぱい使ってもらっていると、とても大事にされているような気持ちがするので、「大事に考えてくれてありがとう」と言っていると思います。

かえるくんの言葉はとても丁寧なので、がまくんにとって大事にされている気持ちになりますね。特に「親友」と言ってもらってとても大切に思われている気持ちになったでしょう。③についてはどうですか。

C 私は誕生日が近づいてきて、プレゼントを待っているとわくわくするので、「届くのが楽しみだなあ」と言っていると思います。

C ぼくは、仲よしのいとこといると楽しくてずっと遊んでいたくなります。だからがまくんも「大好きなかえるくんとずっと一緒にいたいなあ」と心の中で言っていると思います。

プレゼントを待っているときはわくわくしますね。待っている間はかえるくんと一緒なので幸せですね。最後に④についてどうぞ。

C ずっと待っていたクリスマスプレゼントをもらったとき、最高にうれしいので「ついに届いた。早く読んでみたい」と言っていると思います。

ずっと待っていたのでついに届いたときには最高にうれしいでしょうし、かえるくんに本当にありがとうという気持ちをもったでしょうね。

C うれしいし、プレゼントをもらったときには贈ってくれた人にありがとうって思うから、「かえるくん、すごくうれしいよ。ありがとう」って言っていると思います。

終末 ▶ 原則６：振り返り

? 自分と重ねて四つの喜びの中身を見てきましたが、どんなことが分かりましたか。	Ⓒ 自分と重ねてみると、がまくんはいろんな喜びを感じたことがよく分かりました。

終末 ▶ 原則７：次回への意欲付けを行う。

? みなさんから見てがまくんはどんな人ですか。	Ⓒ かえるくんに優しくしてもらってばかりいる人。
? がまくんはいつもそうだと思う人？	挙手多数。
本当にそうなのか、面白いお話を見つけたので、次回読んでみましょう。	

〈付録〉●第10時 「ひとりきり」との比べ読み

「お手紙」は単独で読んでも学べるところは大いにあるのですが、小学校の定番物語教材では、同じ中心人物が登場するシリーズ物は他にあまりない中、かえるくんとがまくんの物語は「ふたりはともだち」シリーズにたっぷり収められています。シリーズ作品に触れることで、登場人物の姿をより多面的に感じ取ることができます。本時は、普段はかえるくんに依存しがちながまくんが、かえるくんのために一生懸命になる「ひとりきり」を「お手紙」と比べ読みします。そうすることで、がまくんに対する子供たちの見方を揺さぶったり、他の作品を読む動機付けを図ったりします。

○本時の目標　「ひとりきり」と「お手紙」を比較し、がまくんとかえるくんはどれだけ仲よしかを想像することができる。

○授業展開

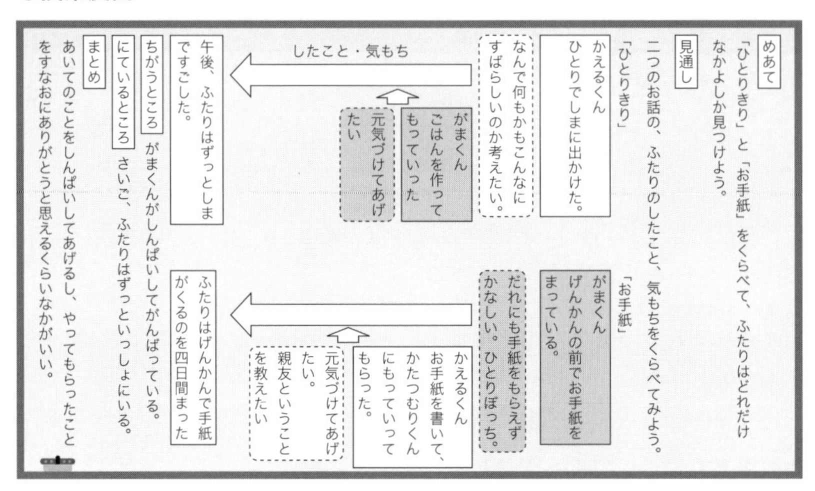

 発問　 確認　 指示　 子供の発言

導入 ▶ 原則1：学習課題の設定

「ひとりきり」と「お手紙」を比べて、二人はどれだけ仲よしか、見付けていきましょう。

導入 ▶ 原則2：見通しの設定

スイッチ発問 ? 二つのお話の、二人のしたこと、気持ちを比べてみましょう

先生が、「ひとりきり」を読みます。みなさんは、かえるくんやがまくんはどんなことをして、どんな気持ちになったのかに注意して聞きましょう。

－読み聞かせをする－

▶ 原則４：共同追究

? 「ひとりきり」では、かえるくんはどうしたのですか。

Ⓒ 一人で島に行きました。

? なぜ一人で島に行ったのでしょう。

Ⓒ なんで何もかもこんなに素晴らしいのか考えたかったからです。

? がまくんは、どうしたのですか。

Ⓒ サンドイッチやアイスティーを作って持っていきました。

? それはなぜですか

Ⓒ 元気を出してもらうためです。

? 二人はどうなりましたか。

Ⓒ 午後、二人はずっと島で過ごしました。

「お手紙」も同様にあらすじを押さえる。

? 二つのお話の違うところはどこですか。

Ⓒ がまくんがお手紙とは違って、かえるくんのために頑張っているところです。

? がまくんのことをどう思いますか。

Ⓒ やってもらうばかりじゃなくて、自分もかえるくんのために頑

かえるくんについても同様に行う。

張れてえらいです。見直しました。

? 二つのお話の似ているところはどこですか。

Ⓒ 最後に二人が、ずっと一緒にいるところです。

展開 ► 原則5：自分の考えの精査・推敲

? 二人はどれだけ仲よしだと思いますか。

Ⓒ 二人は相手のことを心配してあげるし、やってもらったことを素直にありがとうと思えるくらい仲がよいと思います。

終末 ► 原則7：次の時間から、この他のお話も読んでみて、二人がどれだけ仲よしかもっと見つけていきましょう。

2年（読むこと）働かせたい「見方・考え方」：1 比較

教材「たんぽぽの　ちえ」（光村図書）

単元の学習問題：しょくぶつのちえナンバーワンを見つけよう

スイッチ発問 ?　「もし、○○の知恵がなかったら」どうなるか、比べて考えよう（第5時）

育てたい資質・能力

〈知識及び技能〉

事柄の順序など情報と情報との関係について理解することができる。

〈思考力、判断力、表現力等〉

時間的な順序を考え、内容の大体を捉えたうえで、文中の大事な言葉を選び、分かったことや感じたことを共有することができる。

〈学びに向かう力、人間性等〉

言葉がもつよさを感じると共に、楽しんで読書をし、国語を大切にして、思いや考えを伝え合おうとする。

教材の可能性

本教材は、教材を読み取っていく過程で、見方・考え方を育て、働かせる上で、大きく三つの可能性をもっている。

一つは時間的順序の整理である。

基本的には、教材文に書かれている時間を示す表現を比較していくことにより、たんぽぽの姿を時系列に整理することができる。このこと以外にも、接続語の働きに着目することで、順序を整理することもできる。さらに、書かれている内容そのものから順序を整理することもできるため、形式的ではなく、文脈に沿って時間的順序の整理をさせることができる。

二つは、事例と理由の関係の整理である。

事例や理由について主に学習するのは中学年であるが、その前段階として、「～のです」や「～からです」といった理由を表す文末表現に着目することにより、理由や事例を把握することができる。

そして三つは、比較思考を発揮することである。

複数あるたんぽぽの知恵の中から自分が最も優れていると思うものを選ばせ、理由付けさせる。

その際、「もし○○の知恵がなかったら…」といった形で、知恵がある場合とない場合を比較させる。こうすることで、比較思考を伸ばすと共に、たんぽぽの知恵への一層の理解と関心につながる。

見方・考え方を働かせ育てていく単元展開

時	学習課題	見方・考え方	学習活動
1	「たんぽぽのちえ」を読んで面白いと感じたことを出し合おう	根拠に基づいて意見をもつ **スイッチ発問 ? どこからどんなことを思ったのかを出し合おう**	○全文を音読する。 ○面白いと感じた箇所を取り上げ、思ったことを交流し合う。 ○植物の知恵の中でどれが一番優れているか自分の意見をもつという課題を共有する。
2	たんぽぽの姿が変わる順番をまとめよう	時間を表す言葉、接続語、たんぽぽの変化に着目し、比較する **スイッチ発問 ? 時間を表す言葉、つなぎ言葉、たんぽぽの様子に目を付けて比べよう**	○全文を音読する。 ○たんぽぽの姿が書かれている箇所を取り出す。 ○姿が変化する順番に並べる。
3、4	たんぽぽの知恵とわけをまとめよう	文末表現に着目し、知恵と理由を区別する **スイッチ発問 ? 「〜のです」「〜からです」に目を付けて、知恵とわけを分けよう**	○たんぽぽの知恵を取り出す。 ○理由が説明されている箇所を見付ける。 ○「〜のです」「〜からです」に着目した考えを共有し、知恵と理由に分ける。 ○知恵と理由が内容的に対応しているか確認する。

5	たんぽぽの知恵ナンバーワンを見付けて、紹介し合おう	興味をもった知恵がもしなかったときと比較し意見をもつ **スイッチ発問 ? 選んだ知恵「もし、〇〇の知恵がなかったら」どうなるか、比べて考えよう**	〇もし、知恵がなかったらという仮定法を使い、自分の考えを組み立てる。 〇友達がナンバーワンとして説明していることと自分の考えを比較し意見交換する。
6~8	好きな植物の知恵ナンバーワンを調べよう	興味をもった植物の知恵や「もしなかったら」で説明する **スイッチ発問 ? 知恵を見付けて「もし、〇〇の知恵がなかったら」で説明しよう**	〇植物図鑑を見て、植物の生態と理由を取り出す。 〇知恵・もし知恵がなかったらの構成で説明をまとめる。
9	植物の知恵ナンバーワンを知り合おう	知恵やもしなかったらに着目し説明を把握し、感想をもつ **スイッチ発問 ? 知恵・もしなかったらに注目して聞き、植物の知恵の素晴らしさを感じ合おう**	〇説明を聞き合い、植物の知恵に対する感想をもち、交流する。

見方・考え方を働かせ育てるためのピックアップ授業 第5時

〇本時の目標

たんぽぽの知恵ナンバーワンを見付けて説明するという目的に沿い、知恵を選び出し、もしその知恵がなかった場合と比較して説明することができる。〈思、判、表C（1）ウ〉

〇本時の評価

「読むこと」において、比較思考を使い、たんぽぽの知恵の素晴らしさを説明することができる。（思考・判断・表現）

〇この授業で働かせ、育てていく見方・考え方

「興味をもった知恵がもしなかったときと比較し意見をもつ。」

本教材では、たんぽぽの知恵について、「地面に倒れた軸」「白い綿毛」

「起き上がる花の軸」「すぼむ綿毛」の四つの知恵が述べられている。自分が一番素晴らしいと思うものを選ぶように指示すると、子供たちは選び出すことはできる。しかし、直感的に選んだ子供にとって、「なぜ、その知恵が素晴らしいのか」を説明することは難しい。そこで子供たちに働かせたいのは「もし、○○がなかったらどうなるか」という比較思考である。「もし、地面に軸が倒れなかったら、種に栄養を送れないので、たんぽぽの種は太ることができない。だから種を大きくするために地面に軸が倒れることが素晴らしい」といった形での思考である。クラスでのお楽しみ会の内容を決める話し合い等で「もし、おにごっこが嫌いな人がいたらどうするんですか？」などの発言はよく聞かれるように、子供たちにとって「もし、○○がなかったら…」という思考はそれほど難しいものではない。

子供たちにとってなじみのある仮定法を使った比較思考を顕在化し、働かせていきたい。

○授業展開

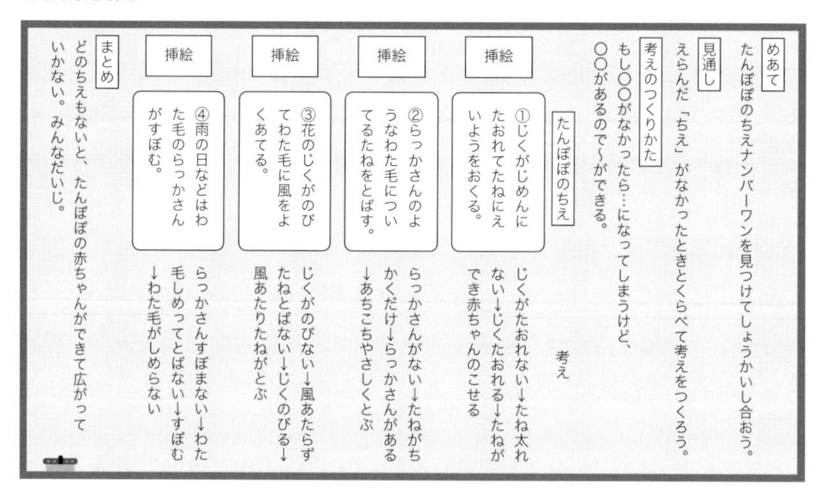

発問　確認　指示　Ⓒ 子供の発言

導入 ► 原則1：学習課題の設定

これまで勉強してきた中で、たんぽぽの知恵はいくつありましたか。どんな知恵があったか確かめながら音読しましょう。

Ⓒ 四つです。

- 音読する -

どんな知恵がありましたか。

Ⓒ「じくがじめんにたおれてたねにえいようをおくる」です。

Ⓒ「らっかさんのようなわた毛についてるたねをとばす」です。

Ⓒ「花のじくがのびてわた毛に風をよくあてる」です。

Ⓒ「雨の日などはわた毛のらっかさんがすぼむ」です。

今日は、この知恵の中で、みなさんがナンバーワンだと思うものを見付けて紹介し合いしょう。

► 原則2：見通しの設定

この知恵がナンバーワンというものを言える人はいますか。

Ⓒ ぼくは、「花のじくがのびてわた毛に風をよくあてる」がナン

バーワンだと思います。

なぜそう思うのか言えますか。

C だって、もし、じくが短いままだったら、風が当たらないから、たくさんのたねが近くに落ちるだけになって、混雑し過ぎてたんぽぽが出てこなくなっちゃうかもしれないからです。

なるほど、もし、知恵がなかったら困ることを考えてくれたんですね。

子供に発言させる中で、本時に働かせたい見方・考え方を働かせているものを取り上げ、共有化させていく。

スイッチ発問 「もし、○○の知恵がなかったら」どうなるか比べて考えよう

展開 ► 原則３：個人追究

さっき、Aさんも言ってくれましたが、こんな形で考えをつくっていきましょう。

「もし○○がなかったら…になってしまうけど、○○があるので～ができる」です。学級会などで出された意見に対して、「おにごっこをやりたいという話ですが、もし、走るのが嫌いな人がいたらど

うするんですか」というような意見を出すことがありますね。それと同じように知恵がなかったときとあるときを比べてノートに考えを書いていきましょう。

日常働かせている考え方を取り上げることで、考え方の具体的なイメージをもたせていく。さらにイメージがわきにくい場合には、導入で出された発言を流れに沿った形で整理して板書する。

展開 ▶ 原則4：共同追究

では、隣の人同士で自分の考えを説明し合ってみましょう。うまくつくれていない場合には、お手伝いしてあげましょう。

-対話終了後-

？ 友達の考えを聞き合いましょう。自分のナンバーワンをみんなに知ってもらうことはとても大切ですが、友達がどんな知恵に対して、なぜナンバーワンと考えているのかをよく聞いて、たんぽぽの素晴らしさを知っていきましょう。では、「じくがじめんにたお

C もし、軸が倒れなければ、種は太ることができなくて、弱い種になってしまいます。軸が倒れるので、丈夫な種ができて赤ちゃんを残せます。

れてたねにえいようをおくる」がナンバーワンだと思った人、説明してください。

特に低学年の場合には、自分の考えに固執していく傾向が強いので、他の子の考えをよく聞き、学ぶ意識をもたせる。

? **今の説明で、なるほどと思うことはありますか。**

C 確かに種が弱くなっちゃえば、どこかに飛んでいってもちゃんと生きられないかもしれないから、ナンバーワンみたいな気がしてきました。

? **次に、「らっかさんのようなわた毛についてるたねをとばす」について考えた人お願います。**

C もし、らっかさんのようなわた毛がなかったら、種が近くに落ちるだけになるので、やっぱり混雑して生えてこないかもしれないですが、わた毛がらっかさんみたいに飛べば、あちこちに広がって種が飛んで、地面に落ちるときもふんわり落ちるから種も傷付かないと思います。

以下、同様にして、発表された考えの納得できる点について出し合いながら、「花のじくがのびてわた毛に風をよくあてる」「雨の日などはわた毛のらっかさんがすぼむ」について扱っていく。

展開 ▶ 原則5：自分の考えの精査・推敲

友達の考えを参考にして、もう一度ナンバーワンを考えてみましょう。ナンバーワンは一つにしなくてもよいです。

Ⓒ 私は、らっかさんがあることがナンバーワンだと思っていましたが、丈夫な種も大事だと思うので二つともナンバーワンだと思いました。

Ⓒ どの知恵もないとたんぽぽの赤ちゃんができて広がらないからみんな大事だと思いました。

終末 ▶ 原則6：振り返り

? もしなかった場合と比較することで、たんぽぽの優れた知恵が読み取れたことを振り返る。

終末 ▶ 原則7：活用を促す

今度は他の植物の知恵についてもナンバーワンを見付けて、もしなかったらを考えて紹介をし合いましょう。

2年（話すこと・聞くこと）働かせたい「見方・考え方」：1 比較

教材「外国の小学校について聞こう」（東京書籍）

単元の学習問題：外国の小学校はかせになろう

スイッチ発問 ? 知りたいことを決めて聞き取り、比べてみよう（第2時）

育てたい資質・能力

〈知識及び技能〉

共通、相違の関係について理解することができる。

〈思考力、判断力、表現力等〉

自分が聞きたいことを落とさないように集中して聞き、話の内容を捉えて感想をもつことができる。

〈学びに向かう力、人間性等〉

言葉がもつよさを感じると共に、楽しんで読書をし、国語を大切にして、思いや考えを伝え合おうとする。

教材の可能性

平成20年版の小学校国語科の学習指導要領の「話すこと・聞くこと」での「聞くこと」に関する指導事項には「大事なことを落とさないようにしながら、興味をもって聞くこと。A（1）エ」と書かれている。

一方、平成29年版では「聞くこと」に関して、「身近なことや経験したことなどから話題を決め、伝え合うために必要な事柄を選ぶこと。A（1）ア」と共に、「話し手が知らせたいことや自分が聞きたいことを落とさないように集中して聞き、話の内容を捉えて感想をもつこと。A（1）エ」と書かれている。20年版と29年版で「聞くこと」の実質的な指導について書かれているA（1）エを比較すると、29年版での「感想をもつこと」という点が大きく異なる。すなわち、相手の話をただ聞き取るだけではなく、聞いた内容に対して自分の考えをもつことまでが聞くこと指導の射程となっているのである。

本教材では子供たちの生活にとても身近な学校について、他の国の様子を聞き感想をもつという活動を行う。子供たちにとっては日本とは異なる外国の学校の姿を知ることは大変新鮮なことであり、興味深いものである。そこから日本の学校と比較して思うことも数多くあるだろう。外国の小学校について聞きたい観点をもち、聞き取ったことを日本と比較して共通点や相違点に気付き、感想をもつ中で、国際理解にもつなげたい。

見方・考え方を働かせ育てていく単元展開

時	学習課題	見方・考え方	学習活動
1	イタリアの小学校と日本の学校は何が一緒で何が違うのだろう	観点をもち、イタリアの小学校について聞き取り、比較する **スイッチ発問？ 知りたいことを決めて聞き取り、比べてみよう**	○外国の小学校は日本の小学校と同じか考える。 ○イタリアの小学校について知りたいことをまとめる。 ○イタリアの小学校について聞き、日本と比較し感想をもつ。 ○習熟するために観点を変えて繰り返し行う。
2	カンボジアの小学校と日本の学校は何が一緒で何が違うのだろう	観点をもち、カンボジアの小学校について聞き取り、比較する **スイッチ発問？ 知りたいことを決めて聞き取り、比べてみよう**	○カンボジアはどこにあるのか考える。 ○カンボジアの小学校について聞きたいことをまとめる。 ○カンボジアの小学校について聞き、日本と比較し、感想をもつ。 ○習熟するために観点を変えて繰り返し行う。 ○他の国の小学校について興味のあることをまとめる。
3	みんなに教えたい外国の小学校の秘密をまとめよう	資料を使い、外国の小学校について興味をひかれたことを取り出す **スイッチ発問？ 外国の小学校について面白いと思ったことを三つ書き出そう**	○「キッズ外務省外国の小学校を見てみよう（外務省ホームページ）」「せかいの図鑑」（小学館）「外国の小学校」（福音館書店）などの資料を使い、外国の小学校の情報を得る。 ○特に興味をもったことを三つ程度取り出し、それぞれを簡単な文にする。 ○スムーズに話せるよう練習する。

4	外国の小学校の秘密を知り合い、外国の小学校博士になろう	日本の小学校と外国の小学校を比較し感想をもつ スイッチ発問 ? 日本と外国の小学校を比べて感想をもとう	○外国の小学校の様子を聞き、日本と比較し感想をもつという課題をもつ。 ○ペアになり、前時調べたことに基づいて外国の小学校の様子を聞き合う。 ○日本と比較して感想をもち、日本の小学校の特徴を理解する。

見方・考え方を働かせ育てるためのピックアップ授業 第2時

○本時の目標

聞きたいことを明確にしてカンボジアの小学校の話を聞き取り、日本と比較して自分の考えをもつことができる。〈思、判、表A（1）エ〉

○本時の評価

「話すこと・聞くこと」において、比較思考を使い、カンボジアと日本の共通点と相違点を見つけ、自分の考えをもっている。（思考・判断・表現）

○この授業で働かせ、育てていく見方・考え方

「観点をもって聞き取り、比較する」

この授業では、まず自分の聞きたいことを観点にすることで、集中して情報を聞き取るようにする。

その上で、日本との比較をしてカンボジアの小学校の話についての感想をもつ。学習指導要領で新設された「聞くこと」において「感想をもつ」ことを達成するために、聞く対象についての観点をもち、聞き取ったことを比較するという考えを働かせる。

なお、聞きたいことは聞く対象についての興味があればこそである。授業の導入で、カンボジアについての情報を子供たちに示すことで、興味を喚起したい。また、聞きたいことを聞く際には、予想を立てておくことが一層興味をもって聞くことにつながる。また、予想を立てる段階で、対象に対してのイメージを具体化することにもなる。

○授業展開

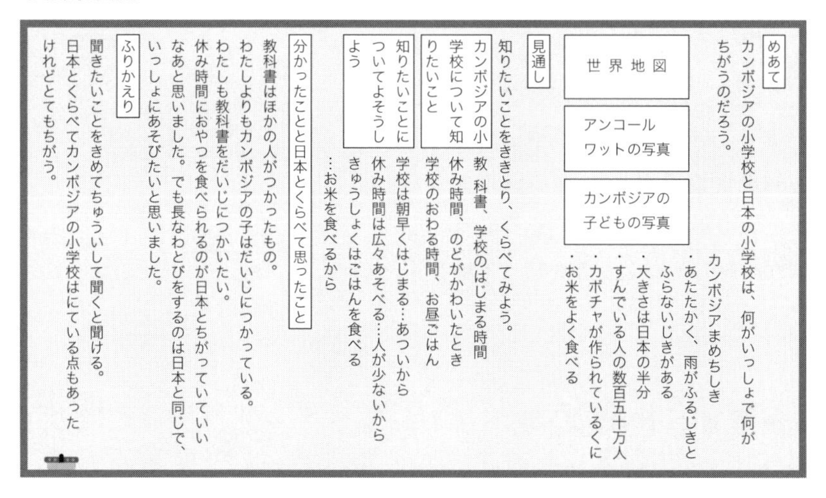

? 発問　確認　指示　C 子供の発言

導入 ▶ 原則１：学習課題の設定

発問・指示	子供の発言
? **前回はどこの国についての話を聞きましたか。**	C イタリアです。
? **（世界地図を見せ、カンボジアの位置を指して）今回はこの国の小学校について聞きます。どの国か分かりますか。**	C 中国？ C インド？
? **第２ヒントです。（アンコールワットの写真を示して）こんなお寺のある国です。アンコールワットと言います。**	C え〜、ますます分かりません。
? **最終ヒントです。（カンボジ**	C …

アの子供の写真を示して）この国の子供たちの様子です。

この国はカンボジアと言います。（カンボジアについての豆知識を説明する。）今日はカンボジアの小学校と日本の小学校は何が一緒で何が違うのか知っていきましょう。

▶ 原則2：見通しの設定

イタリアの小学校について聞いたときにはどんなことに気を付けましたか。

Ⓒ 自分が知りたいことを決めて予想してみました。

Ⓒ 聞いたことを日本の小学校と比べ、思ったことを出し合いました。

前時に働かせた見方・考え方を子供から引き出して位置付け、本時で使うことが、授業で学んだ見方・考え方の定着と有用感につながる。

しっかり勉強していましたね。

スイッチ発問 では、今日も知りたいことを決めて聞き取り、日本と比べてみましょう

展開 ▶ 原則３：個人追究

？ カンボジアの小学校について知りたいことをノートに書き出しましょう。

書き出せない子にはイタリアの小学校でどんなことについて聞いたか確認する。

展開 ▶ 原則４：共同追究

？ 知りたいことを出し合いましょう。

Ⓒ 教科書　Ⓒ 休み時間

Ⓒ 学校の始まる時間

自分の知りたいことについての予想も同様に行う。

Ⓒ 暑い所だから学校は朝早く始まると思います。

？ では、カンボジアの小学校についての話を聞いてみましょう。

Ⓒ…

－カンボジアの小学校についての話を聞かせる。－

？ 自分が聞きたいことがしっかりと聞き取れましたか。

Ⓒ 聞けました。

Ⓒ よく聞けませんでした。

？ 聞き取れた人はどんなことに注意しましたか。

Ⓒ ぼくが聞きたいことがいつ出てくるかなあと思って聞きました。

うまく聞き取れないという姿を出させ、必要感をもたせた上で聞きたいことを聞き取るための具体的な方法について共有します。

自分が聞きたいことがいつ出てくるか耳を澄ませることは大切ですね。

C 私は聞きたいことが出てきませんでした。

他にもそういう人はいますね。ではもう一度聞きたいと思います。でもその前に、聞きたいことと予想を変えたい人は少し時間を取るので変えてください。

では、カンボジアの小学校についての話をもう一回聞いてみましょう。さっききちんと聞き取れた人は、話を聞きながら、自分が聞いた中身が合っているか確かめましょう。
自分が聞きたいことがいつ出てくるか注意して聞きましょうね。

－カンボジアの小学校についての話を聞かせる。－

今度は、みなさん、自分の聞きたいことを聞き取ることができ

C できました。

ましたか。

? それでは、聞いたことと日本を比べて思ったことをノートに書きましょう。

では ノートに書いたことを発表しましょう。まず、教科書について聞いた人どうぞ。

C 教科書は他の人が使ったものを使っているそうです。私よりもカンボジアの子は大事に使っていると思いました。私も教科書を大事に使いたいと思います。

カンボジアの子の、物を大切にすることは見習いたいですね。では、他に教科書について聞いた人はいますか。

観点別に、聞いたことと比べて思ったことを発表させていく。

終末 ▶ 原則６：振り返り

? 今日はどんなことができましたか。そして、どうやったらできましたか。

C 聞きたいことを決めて注意して聞いたらよく分かりました。比べて思ったことも言えました。

? カンボジアの小学校のことを聞いてどんなことを思いましたか。

C 日本と比べてカンボジアの小学校は似ている点もあったけれど、とても違っていて面白いです。

終末 ► 原則７：活用を促す

聞きたいことを決めて、気を付けて聞くとよく聞けますね。比べてみると違いや似ていることが分かりますね。今日はカンボジアについて勉強しましたが、他の国の小学校についても知りたいですか。
では、次の時間に他の国の小学校について調べて、その後聞き合いましょう。

Ⓒ 知りたいです。

3年（読むこと）働かせたい「見方・考え方」：1比較 2定義 3類推 6帰納

教材「モチモチの木」（光村図書）

単元の学習問題：豆太はいったいどんな子なんだろう

豆太の性格が分かる証拠を集めてまとめよう（第9時）

育てたい資質・能力

〈知識及び技能〉

様子や行動、気持ちや性格を表す語句の量を増やすことができる。

〈思考力、判断力、表現力等〉

登場人物の気持ちの変化や性格を想像したうえで、感想をもち、交流し、一人一人の感じ方の違いに気付くことができる。

〈学びに向かう力、人間性等〉

言葉がもつよさに気付くと共に、幅広く読書をし、国語を大切にして、思いや考えを伝え合おうとする。

教材の可能性

本教材の中心人物の豆太は、学習する小学3年生の子供たちよりも年下の5歳である。子供たちにとって豆太の姿はかつての自分を見るようであり、豆太に親近感をもち学習に参加していく。そのため、子供たちは豆太の気持ちやその変化について、自分の体験から類推して想像していくことができる。

本教材を読んでいく中で子供たちが疑問に思うことは、豆太は医者様を呼びに行くことを通して、勇気のある子になれたのか、あるいは、医者様を呼びに行くことができ、モチモチの木に灯がついたのを見ることができたのにも関わらずじさまを起こす姿から弱虫のままなのかという点である。

子供たちには、単に臆病とか、勇気があるといったものではなく、豆太の行動やじさまの言葉から普段は臆病であっても、大切な人を守りたいという優しい気持ちにより、勇気を出して行動ができるといったような豆太の総合的な性格を想像させたい。

その際、複数の叙述を根拠に、その共通性から結論を導き出す帰納的な考え方を働かせ、育てていくことができる。豆太がモチモチの木に対して強がっている箇所、夜の闇に対しておびえている箇所等、豆太の気持ちが表れている叙述を取り出して、共通点が見いだせるものを一括りにして性格を考えさせていく。それらを総合して、豆太の性格を導き出させていく。

見方・考え方を働かせ育てていく単元展開

時	学習課題	見方・考え方	学習活動
1	文章に対して感想をもとう	自分が心を動かされた箇所に着目し、心を動かされた理由と思ったことを自覚する **スイッチ発問 ? 心が動かされたところを抜き出して、わけとどんなことを思ったかを書こう**	○全文を音読する。 ○心を動かされた箇所に着目し感想を書く。 ○単元全体の学習問題を考える。
2	物語の大体の流れをつかもう	導入・展開・山場・結末の定義を当てはめる **スイッチ発問 ? 物語のはじめ・出来事・大きな出来事・その後に分けよう**	○全文を音読する。 ○「おくびょう豆太」の場面から、場所・人物の設定をつかむ。 ○導入・展開・山場・結末の定義に沿って、場面分けをする。
3	「おくびょう豆太」から豆太の性格を見付けよう	登場人物の行動に着目し自分と比較する **スイッチ発問 ? 豆太の行動を自分と重ねてみよう**	○語り手の言葉から豆太の性格を見付ける。 ○豆太の行動を自分だったらどうするのか考えて、性格を想像する。 ○豆太をじさまはどのように思っていたか読み取る。

4~8	それぞれの場面から豆太の性格を見付ける	登場人物の行動に着目し自分と比較する スイッチ発問 ? 豆太の行動を自分と重ねてみよう	○それぞれの場面で豆太の行動を自分だったらどうするのか考え、性格を想像する。 ○モチモチの木の様子を昼と夜で比較する。 ○「霜月二十日のばん」と「豆太は見た」の豆太を比較する。
9	豆太はいったいどんな子なのだろう	根拠となる叙述の共通点をまとめる スイッチ発問 ? 豆太の性格が分かる証拠を集めてまとめよう	○豆太の行動や会話文を取り出し、共通性が高いものでまとめて名前を付ける。 ○自分の性格も一言で言えるか考える。 ○臆病、勇気があるといった別のもの同士をつなげる
10、11	感想を書き、互いの感じ方を知ろう	自分と比べて考えをつくる スイッチ発問 ? 豆太と自分を比べてみよう	○豆太の行動に対して自分と比べて感想をもつ。 ○友達と発表し合い、互いの感じ方を知り合う。

見方・考え方を働かせ育てるためのピックアップ授業　第9時

○本時の目標

豆太の行動や会話文を取り出し、共通点に着目しまとめていくことを通し、臆病だけれども、優しく、勇気のある豆太の性格を想像することができる。〈思、判、表C（1）エ〉

○本時の評価

「読むこと」において、帰納的に考え、豆太の性格を想像している。（思考・判断・表現）

○この授業で働かせ、育てていく見方・考え方

「根拠となる叙述の共通点をまとめる」

子供たちは豆太の性格について、語り手の言葉やじさまの言葉を根拠にして、臆病であったり弱虫であったり、勇気がある、優しいということはすぐに言うことができる。そういった周りからの評価で判断していくことも登場人物の性格を判断する一つの方法ではある。けれども本教材では、豆太自身の行動や会話文に、豆太の性格を想像する根拠が豊富にある。これらの根拠を基にして豆太の性格を判断させていくことを通して、帰納的な見方・考え方を働かせ、育てていくことができる。

○授業展開

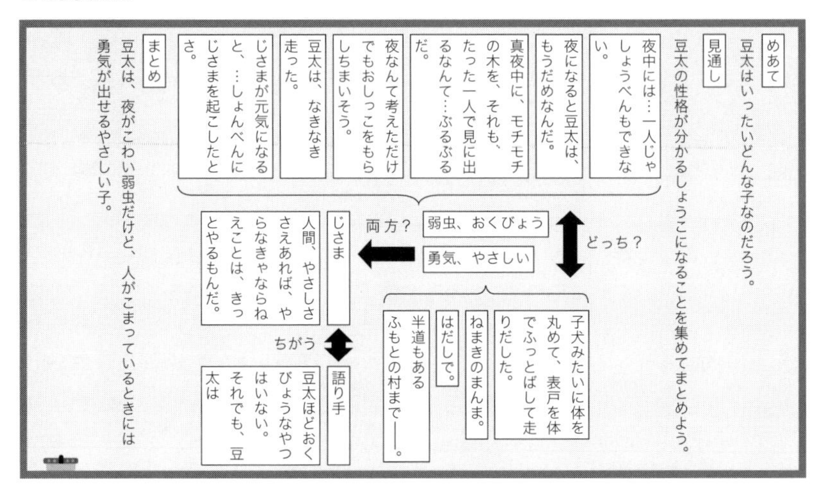

発問　確認　指示　子供の発言

導入 ▶ 原則１：学習課題の設定

豆太は、臆病な子なのか、それとも勇気のある子なのかという疑問がみなさんの中にずっとあったと思います。今日はその疑問を解決していきましょう。豆太は、一体どんな子なのでしょうか。

▶ 原則２：見通しの設定

？ 豆太の性格が分かりそうな行動や豆太の言葉を見付けられる人はいますか。

Ⓒ はい。「真夜中に、モチモチの木を、それも、たった一人で見に出るなんて、とんでもねえ話だ。ぶるぶるだ。」があります。

？ そこからどんな性格が分かりますか。

Ⓒ 怖がりな感じがします。

？ そうですね。でも、一つだけではなくて、幾つかのことを集めて、それをまとめて性格を考えたほうが確かな考えがきっともてると思います。

スイッチ発問 ？ そこで今回は、豆太の性格が分かる証拠になることを集めてまとめましょう

説明 豆太の性格が表れている行動や豆太の言葉を書き出して、まとめてみましょう。音読をしながら、豆太の性格が表れている行動や言葉に線を引いていきましょう。そうしたら、ノートに書き出します。長く書いてあるところは、カットして少し短くしてよいです。似ている行動や言葉は近くに書いていくようにしましょう。そうすると、後でまとめるのが楽です。書き出せたら、まとめてこ

んな性格というのを書いてみましょう。

音読をする際には、どんな視点で読んでいくかという見通しをもたせたい。そうすることにより、集中力を高め、学習も焦点化する。

展開 ▶ 原則3：個人追究

－本文を一読後、性格が表れていそうな行動や会話文を書き抜き、どんな性格かまとめる。－

展開 ▶ 原則4：共同追究

？ では、さっき出た「真夜中に、モチモチの木を、それも、たった一人で見に出るなんて、とんでもねえ話だ。ぶるぶるだ。」と似ている感じがする文があれば、そこから発表していきましょう。

Ⓒ はい、「夜中には、じさまについていってもらわないと、一人じゃしょうべんもできないのだ。」です。

Ⓒ「夜になると豆太は、もうだめなんだ。」です。

Ⓒ「夜なんて考えただけでも、おしっこをもらしちまいそうだ——。」です。

Ⓒ「なきなき走った。いたくて、寒くて、こわかったからなあ。」です。

C「じさまが元気になると、そのばんから、「じさまぁ。」としょんべんにじさまを起こしたとさ。」もあります。

? たくさん見つかりましたね。今出てきたものをまとめると、どんな性格と言ったらよいでしょう。

C 臆病です。C 弱虫です。

C こわがりです。

? では今考えたものとは違う性格が考えられるような行動や言葉はありますか。

C「子犬みたいに体を丸めて、表戸を体でふっとばして走りだした。」です。

C「ねまきのまんま。」です。

C「はだしで。」です。

C「半道もあるふもとの村まで――。」です。

? まとめて言うとどんな性格といえますか。

C 勇気があります。

C 強いです。

? どうして、「はだしで」や「半道もあるふもとの村まで」から、勇気があるとか強いと言えるのですか。

C 履物を履いていないから痛いのに我慢して走ったり、5歳なのに2キロもある遠くの村まで走ったりしているからです。

?「ねまきのまんま」は勇気や強いに入りますか。なぜねまきのまんまだったのでしょう。

C 着替えていると時間がかかるから着替えなかったと思うので、自分のことよりじさまのことを思っているから、豆太は優しいん

では、豆太は、弱虫だったのでしょうか、優しくて勇気がある性格なんでしょうか。それとも両方なのでしょうか。自分と重ねて考えてみましょう。

類推をさせることで、豆太への共感をもたせる。

だと思います。

C 走っていくのも、はだしで行くのも、じさまのためだから、ここのところからは、勇気や強いと一緒に優しいもあります。

C ぼくは、両方あると思います。ぼくも、転んでけがをしたときには、泣いちゃうときがあるけど、弟が見ていたら絶対泣かないから、弱いところと強いところはみんなあると思います。

強いところと弱いところはみんなあるということですね。「モチモチの木」でも、少し似ているような言葉が出てきますが分かりますか。

C じさまが「おまえは、一人で、夜道を医者様よびに行けるほど、勇気のある子どもだったんだからな。自分で自分を弱虫だなんて思うな。人間、やさしささえあれば、やらなきゃならねえことはきっとやるもんだ。」と言っています。

じさまの言葉には豆太を弱虫と言っているところはありますか。

帰納的に考えたことに別の視点を加えて、子供の考えを少し揺さぶることで、多面的な見方を促す。

C ありません。

語り手はどうですか

C 臆病と言っているところがあります。

じさまと語り手はそれぞれ豆太をどう思っているのですか。

C じさまは豆太を優しくて勇気があると思っていて、語り手はじさまと同じようにも思っているけれど、最後に「それでも豆太は」と書いているからやっぱり臆病だとも思っています。

展開 ▶ 原則５：自分の考えをまとめて発表する

では、みなさん一人一人はどう思いますか。

C 豆太は、夜が怖い弱虫だけど、人が困っているときには勇気が出せるやさしい子。

終末 ▶ 原則６：振り返り

今日の授業では、どう考えたら何ができましたか。

C 証拠を集めたら、豆太の性格が分かってきました。

終末 ▶ 原則７：行動や会話文を集める読み方をしてみるよう勧める。

3年（読むこと）働かせたい「見方・考え方」：2定義5分類

教材「すがたをかえる大豆」（光村図書）

単元の学習問題：大豆食品のひみつをさぐろう

スイッチ発問 ? 「工夫」と「食品名」に目を付けて書いてあることを分類しよう（第3時）

育てたい資質・能力

〈知識及び技能〉

分類の仕方を理解し、使うことができる。

〈思考力、判断力、表現力等〉

段落相互の関係を捉え、目的を意識して、中心となる語を見つけることができると共に、理解したことに基づき感想を書くことができる。

〈学びに向かう力、人間性等〉

言葉がもつよさに気付くと共に、幅広く読書をし、国語を大切にして、思いや考えを伝え合おうとする。

教材の可能性

本教材は、この教材の次にある「食べ物のひみつを教えます」と共に読み書き複合単元を構成しているものである。したがって、「読むこと」領域で学習したことが、次の「書くこと」領域に生きて働くことが求められる。それは具体的には内容と方法である。

内容面からは、大豆食品の工夫について知った新鮮な驚きを、自分も食品の秘密を調べて友達に紹介したいという意欲を触発することもできる。特に読み書き複合単元の場合には、「読むこと」領域で扱う文章について、後の「書くこと」領域で書く文章の単なるモデルとして位置付けてしまう傾向があるが、やはり、内容の面白さがあってこそ、自分でも書いてみたいと思うものである。子供たちには内容をしっかりと理解させたい。

方法面では、「すがたをかえる大豆」に用いられている説明方法を自分の説明にも生かすということである。この方法で読むと「すがたをかえる大豆」の内容もよく分かるし、自分が説明文を書いていくときにも書きたい内容をまとめやすい、と子供が感じられるような学習をさせたい。

本教材では段落ごとに大豆食品の工夫と名称が書かれている。観点に沿って内容を分類することにより、内容の理解と説明の仕方を学ぶことができる。また、分類したものを表に整理することにより、次の調べ学習の際のまとめ方を学ぶこともできる。

見方・考え方を働かせ育てていく単元展開

時	学習課題	見方・考え方	学習活動
1	文章に対して感想をもとう	自分が心を動かされた箇所に着目し、心を動かされた理由と思ったことを自覚する **スイッチ発問 ? 心が動かされたところを抜き出して、わけとどんなことを思ったかを書こう**	○全文を音読する。 ○心を動かされた箇所に着目し感想を書く。 ・感想を書く際には、内容から思ったことに加えて、説明の仕方から思ったことも書く。 ○単元の学習問題を考える。 ○この学習の後、各自で食べ物の秘密について説明文を書くという見通しをもつ。
2	文章を、はじめ・中・終わりの三つに分けよう	はじめ・中・終わりの定義を当てはめる **スイッチ発問 ? はじめ・中・終わりの役割に沿って文章を大きく三つに分けよう**	○全文を音読する。 ○形式段落に番号を振る。 ○はじめ・中・終わりの定義を確認し、各自で分ける。 ○発表し合い、確定する。
3、4	中の例を詳しく読み取ろう	工夫（工夫の具体）・食品名（食品名の具体）の観点に沿って、各段落に書かれている内容を分類する **スイッチ発問 ? 「工夫」と「食品名」に目を付けて、書いてあることを分類しよう**	○中で書かれている内容について整理して理解したいという願いをもつ。 ○分類の仕方を知る。 ○表を使って、各段落の内容を分類する。 ○３時間目だけでは終わらないので４時間目も同様に行う。

5	例の並べ方の秘密を探ろう	各自で観点を設定して、配列の工夫を探る **スイッチ発問** ? 並べ方にきまりがあるかを見つけてみよう	○事例配列は、工夫が簡単なものから難しいものになっていることはすぐに分かることなので、あえて各自で配列の決まりを見つける。 ○配列の順序の共通理解ができたら、なぜその並べ方をしているのか目的を考える。
6	大豆食品の秘密について分かったこと・思ったことをまとめよう	内容や書き方で分かったことをまとめ、理由付けして思ったことを自覚する。 **スイッチ発問** ? 内容や書き方の秘密をまとめて、わけを付けて思ったことを書こう	○内容的に理解したことと共に、説明の仕方についても学習したことから思ったことを書き、交流する。 ○各自で食品の秘密を調べることへの見通しをもつ。

見方・考え方を働かせ育てるためのピックアップ授業 第3時

○本時の目標

第3段落から第5段落までを、食品名、工夫を観点にして、内容を分類し、詳しく読み取ることができる。〈思、判、表C（1）ウ〉

○本時の評価

「読むこと」において、事例を分類して、読み取っている。（思考・判断・表現）

○この授業で働かせ、育てていく見方・考え方

「観点に沿って分類する」

本教材では、「中」にある五つの段落すべてに、大豆を使った食品の工夫と食品名が書かれており、読み手の理解のしやすさにつながっている。そこで、工夫と食品名の観点で各段落の内容を分類し、整理していく。こうすることで、内容の確かな理解をすることができ、説明方法のよさも感じ取ることができる。なお、この活動で作成した表の項目や形式はそのまま子供が調べ学習で取材をしていくときにも使用することができる。

○授業展開

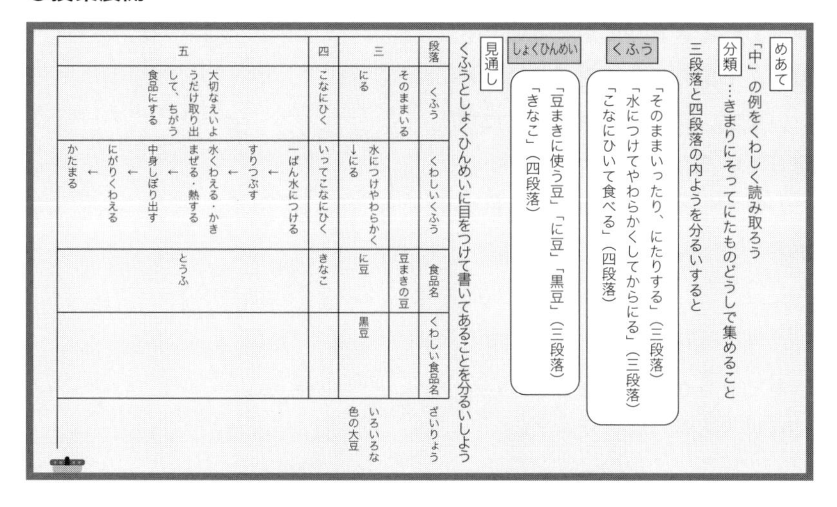

？発問　確認　指示　Ⓒ子供の発言

導入 ▶ 原則１：学習課題の設定

？「中」で書かれていることについて、詳しく読み取っていきましょう。詳しく読み取るために分かりにくいことはありますか。

Ⓒ食品名がたくさん出てきてごちゃごちゃになります。

Ⓒ豆腐の作り方とかナットウキンとか難しいです。

▶ 原則２：見通しの設定

確認？確かにそうですね。ごちゃごちゃしていると分かりにくいですね。みなさんも、部屋でおもちゃや勉強道具が散らかっていたら、どうしますか。

Ⓒそれぞれの仲間ごとに片付けます。

みなさんが、片付けのときにやっているきまりに沿って似たもの同士で集めることを「分類」といいます。文章も、仲間ごとに整理していくときっと書かれていることがすっきりと分かると思います。

子供たちが日常生活で働かせている考え方を引き出して、課題解決に位置付けます。

では、「中」の段落に書いてあることはどんな点で仲間づくりをしていくことができますか。ためしに、3段落と4段落で考えてみましょう。

C どっちも「くふう」という言葉があります。

C どっちにも「に豆」とか「きなこ」とか大豆からできる食品名が書いてあります。

すぐに各自で分類思考を働かせた個人追究を行うのではなく、全体で取り組んでみることにより、思考の働かせ方の見通しをもたせ、分類の観点の共有を図る。

確かにそうですね。ではまず、工夫の点でそれぞれの段落に書いてあることを出してみましょう。

C 3段落には、「その形のままいったり、にたりして、やわらかく、おいしくするくふう」と書いてあります。

Ⓒ付け足しで「水につけてやわらかくしてからにる」という工夫もあります。

❓4段落ではどうですか。

Ⓒ「こなにひいて食べるくふう」があります。

❓では、食品名はどうですか。

Ⓒ3段落には、「豆まきに使う豆」が出てきます。

Ⓒ「に豆」もあります。

Ⓒ「お正月のおせちりょうりに使われる黒豆」もあります。

❓4段落ではどうでしょう。

Ⓒ「もちやだんごにかけるきなこ」です。

❓このように工夫や食品名で分類して見ていくと分かりやすさはどうですか。

Ⓒそれぞれの段落に書いてあることがよく分かります。

働かせた考え方の効果を実感させてから、個人追究に入ります。

スイッチ発問❓ では今回は、「工夫」と「食品名」に目を付けて書いてあることを分類してみましょう。今日は3段落から5段落までやりましょう

モデル学習で作った図では、本文にどんな工夫があるか、どんな食品が登場するかは一目で分かるが、どんな工夫がどんな食品のことなのかが分かりにくくなっていることを説明する。
そこで、ノートに表を作成して書いていくよう指示をする。その際、「水につけてやわらかくしてからにる」という工夫は「にる」工夫の詳しい説明なので、表では「くわしいくふう」の項目に入れるよう指示をする。
同様に、「黒豆」は「に豆」の詳しい説明なので、「くわしい食品名」の項目に入れるよう指示をする。
子供たちに抽象的な説明と具体的な説明を区別してまとめさせる。

展開 ▶ 原則3：個人追究

本文を一読後、ノートに表を作り、書き込んでいく。に豆の作り方の工夫や、豆腐の作り方の工夫で詳しく書いてあるところは、あらかじめ表に矢印（→）を作っておき、子供が作り方の工程を把握しやすいようにさせる。

展開 ▶ 原則４：共同追究

グループになって、みなさんが書いたことを発表し合いましょう。そして、グループで考えを一つにまとめましょう。

まず、３段落について一人ずつ発表し、その後、ずれているところがあれば、意見を言い合って一つの答えをつくっていきましょう。班で一つの答えにまとまったら次の段落に進み、同じように進めていきましょう

注意点としては、だいたい同じようなことが書かれていれば班で同じ答えというように考えてください。

早く話し合いが終わったグループから先生に終わったことを教えてください。

C では、３段落についてみんなが書いたことを言っていってもらいます。まず私から言います。…

グループ内で発表し合うことで、各自が時間をかけて表にまとめたことを言い合える機会を得ることができる。表にまとめる内容自体はさほど難しくないので、多くの子が確かな答えを述べることができる。

では、2班の代表の人は黒板に出てきて、自分たちの班でまとまったことを表の3段落の「いる」工夫と食品について書き込んでください。

C 先生、2班は話し合いが終わりました。

4、5段落も同様に行い、子供に板書させる。この後は、表に書いたことの発表となる。おそらく多くの子が正解となるので、一人一人発言させていくと子供の集中力が下がってしまう。また、子供に発言させて、教師が板書していくことも時間がかかりテンポが悪くなる。グループの代表に板書させたものを読ませていくほうが、子供の意識が持続し、テンポのよい展開になる。

? では、3段落の「いる」工夫と食品について、2班の代表の人が発表してください。表の上から言ってください。他の班のみなさ

C 「くふう」は、「そのままいる」で、「くわしいくふう」はありません。「食品名」は「豆まきの豆」で、「くわしい食品名」はありま

んは自分が書いたことと比べながら聞きましょう。

他の班のみなさん、同じでしょうか。では、「にる」工夫と食品について1班の代表の人は発表してください。

他の班のみなさん、同じでしょうか。

今の意見に対して、1班のみなさんはどうですか。

意見が出てきたら、まず発表担当グループに答えさせる。発表しているため責任をもって考えるだろう。発表担当グループの手に余るようになったら全体に投げかける。

確かに「黒、茶、白など、いろいろな色の大豆」というのは、食品のような感じがします。よく見つけられましたね。でも、「いろいろな色の大豆」は、大豆食品を作るための材料なので、今日作っている表には当てはまる項目

せん。

C「くふう」は、「にる」で、「くわしいくふう」は「水につけやわらかくしてからにる」です。「食品名」は「に豆」で、「くわしい食品名」は「黒豆」です。

C 付け足しがあります。「くわしい食品名」に「黒、茶、白など、いろいろな色の大豆」というのが入ります。

C そういうふうに書いてありますが、今言ったところの後に「いろいろな色の大豆が使われます。」と書いてあります。「使われます」っていうのは工夫されて姿を変える前の大豆のことなので、違うと思います。

C「いろいろな色の大豆」はできた食品っていうより食品になる前の「材料」だと思います。

はないですね。けれども、大豆は一色ではなくていろいろな色があることも面白いことだと思いませんか。表の枠の外になりますが、書いておきますね。

「材料」については、7段落で述べている大豆が若いうちに取り入れる「ダイズ」や「ダイズのたね」とつながっている。したがって、子供から「いろいろな色の大豆」の指摘がない場合には、教師側から「いろいろな色の大豆」は表の中に入るのか聞いてみるとよい。

では、4段落での工夫と食品について次の班の代表の人は発表してください。

C「くふう」は、「こなにひいて食べる」で、「くわしいくふう」は「いって、こなにひいた」です。「食品名」は「きなこ」で、「くわしい食品名」は書いてありません。

他の班のみなさん、同じでしょうか。では、5段落の工夫と食品について次の班の代表の人は発表してください。

C「くふう」は、「大切なえいようだけを取り出して、ちがう食品にする」です。「くわしいくふう」はかんたんに言うと、「一ばん水につけて、すりつぶして、水をくわえて、かきまぜて、熱して中身をしぼり出してにがりをくわえて、かためる」です。「食品名」は「とうふ」です。

他の班のみなさん、同じでしょうか。工夫のところはとても長く詳しいですが、このように長く詳しく書いてあるところから、どんな感じがしますか。

C「一ばん水につけて」とも書いてあるし、何だかとても手間がかかる感じがします。

C 豆腐を作るのは、難しいという感じがします。

大豆と豆腐は見た目も全然違いますから、大豆を豆腐にするのはそれだけ大変な作業があるのですね。では、この後の6、7段落については次回の授業で詳しく見ていきましょう。

終末 ▶ 原則6：振り返り

今日の授業では、「中」の例を詳しく読み取るために、「工夫」と「食品名」に沿って3段落から5段落までを分類してみました。「工夫」や「食品名」は詳しく分かりましたか。

C いろいろな工夫がされていることがよく分かりました。

分類をしてみるとどんなよいことがありましたか。

C それぞれの段落に書いてあることがすっきり分かってきました。

終末 ▶ 原則7：本時の成果を確認し、次回への意欲付けを行う。

3年（書くこと）働かせたい「見方・考え方」：2定義4因果

教材「想ぞうを広げて物語を書こう」（東京書籍）

単元の学習問題：「変化」のある物語を書こう

変化の「原因」がはっきりしたあらすじを作ろう（第2時）

育てたい資質・能力

〈知識及び技能〉

様子や行動、気持ちや性格を表す語句を文章の中で使うことができる。

〈思考力、判断力、表現力等〉

想像したことから書くことを選び、内容のまとまりで段落をつくり、書き表し方を工夫して、文章を書くことができる。

〈学びに向かう力、人間性等〉

言葉がもつよさに気付くと共に、幅広く読書をし、国語を大切にして、思いや考えを伝え合おうとする。

教材の可能性

本教材は、山場の場面が白紙になった三枚の絵を活用して物語を想像していくものである。教科書では、時・場・人物の設定を具体化して、物語を書いていく流れになっている。設定を具体化することにより、子供たちは自分が描く作品世界が鮮明になり、物語を思い描きやすくなる。また、物語の中で、自分が描いた人物を早く活躍させてみたいと思うようになる。

そこまできたら大切なことは、物語のプロット、すなわちあらすじを作ることである。物語の基本的な展開としては、導入・展開・山場・結末等の言葉で表されるように、舞台設定があり、出来事が展開し、中心的な事件が起こり解決し、その後の様子が描かれるというものがある。

設定と共に、あらすじを描けるようにすることで、書いた子は満足し、友達が読んでも面白いと感じる物語が書けるようになる。

中学年の「読むこと」領域の指導事項には、登場人物の性格と共に、気持ちの変化を想像することが示されている。子供は物語を読む活動の中で変化の前の気持ちや様子があり、ある原因により、変化の後の気持ちや様子となることを理解している。読むことで体験したことを基にして、あらすじをつくる活動を通し、因果思考を働かせ、育てていくことができる。

なお、同じような作品ばかりになるのを避けるため、教科書に示されているものはモデルとして扱い、オリジナルの作品を作ることを推奨したい。

見方・考え方を働かせ育てていく単元展開

時	学習課題	見方・考え方	学習活動
1	物語の設定を考えよう	時・場・人物の観点で、物語の設定を具体化する **スイッチ発問 ? 物語に、いつ、どこで、どんな人物が出てくるのか詳しく考えよう**	○教科書の３枚の絵を手掛かりにして、大まかな展開を想像し合う。 ○原稿用紙１枚半から２枚程度で、変化のある物語を書くという単元の学習問題をもつ。 ※３枚の絵は必ずしも使用する必要はないことを共通認識する。 ○設定を具体化し、考えたことを交流し合う。
2	変化のあるあらすじを考えよう	導入・展開・山場・結末の定義に沿い因果思考を使い、あらすじを作る **スイッチ発問 ? 変化の「原因」がはっきりしたあらすじを作ろう**	○導入・展開・山場・結末を大まかに考える。 ○既習の物語の展開を参考にして、変化の起きる前、変化の原因と変化の結果の要素を入れて、あらすじを考える。
3	物語に肉付けをしよう	あらすじに会話文や描写を入れて具体化する **スイッチ発問 ? セリフや様子を表す言葉を入れて、あらすじを膨らまそう**	○既習の物語を参考にして、前時に作成したあらすじに何を加えるともっと楽しい物語になるか考え合う。 ○あらすじに、会話文や、情景、人物描写を加える。

4、5	物語を書いてみよう	設定を明確にした書き出しと、統一した文末表現を心掛ける スイッチ発問 ? 教科書の書き出しを参考にして、物語の書き出しを書こう	○あらすじを一度読み、物語にするために必要なことを考え合う。 ○文末表現を統一することを共通理解する。 ○教科書の例文の書き出しを参考にして物語を書いていく。
6、7	物語を清書しよう	文末表現の統一や誤字脱字がない文章にする	○ペアになり、文末表現と誤字・脱字を観点にして相互評価し合う。 ○指摘された点を修正し、物語を清書する。 ※友達の表現や展開を読み、自分の物語を修正する場合もある。
8	物語を読み合おう	物語の展開を観点に感想を伝え合う スイッチ発問 ? 友達の物語にはどんな変化があるのかを読み取り、思ったことを伝えよう	○物語の変化を読み取り、感想を伝え合うという意識で、物語を読み合う。 ○読んだ感想を伝え合う。

見方・考え方を働かせ育てるためのピックアップ授業 第２時

○本時の目標

導入・展開・山場・結末の性格に沿い、登場人物の変化の原因がはっきりとしたあらすじを組み立てることができる。〈思、判、表Ｂ（1）イ〉

○本時の評価

「書くこと」において、因果関係が明確なあらすじを書いている。（思考・判断・表現）

○この授業で働かせ、育てていく見方・考え方

「因果思考を使い、物語のあらすじを作る」

物語のストーリーを読み味わう際の中心は、中心人物の変化をつかむことである。子供たちが本単元で行っているのは、友達に読んでもらう物語づくりである。物語が自己満足なものになってしまわず、物語としてしっかりと受け止めてもらうためには、変化の前・変化の原因・変化の後がきちんと揃っている物語をつくることが肝心である。そのために本時では、既習の物語教材を思い浮かばせながら、因果思考のイメージをもたせ、学級全体でつくってみることを通し、慣れさせたい。また各自の活動に移行し、相互評価をしていくことで因果思考を働かせ、育てていきたい。

○授業展開

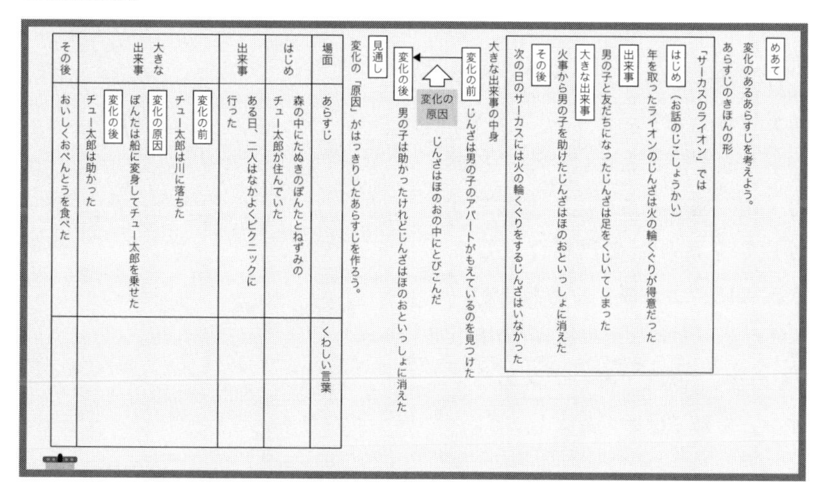

発問　確認　指示　子供の発言

導入 ▶ 原則１：学習課題の設定

前回は物語の設定を考えました。それで物語はもうできますか。

できません。

どうしてですか。

設定だけだと、お話が進んでいかないからです。

そうですね。そして楽しいお話の場合には、何がありますか。

C はらはらしたり、わくわくしたりするような変化があります。

では、今日は、お話を進めていく変化のあるあらすじを考えましょう。

▶ 原則2：見通しの設定

物語のあらすじは大きく四つに分けられます。まず、「はじめ」があります。ここではいつ、どこに、誰が出てくるかといった三つの設定を入れた自己紹介をします。次に「出来事」があります。3番目が「大きな出来事」、最後が「その後」です。「サーカスのライオン」で当てはめてみましょう。

直近の物語教材を使用するのが子供の記憶にも新しくイメージしやすい。ここでは、定義に沿って子供から引き出していくが、後の活動時間を保障するため、教師が捕捉しながらテンポよく進めたい。

サーカスのライオンの「はじめ」は何と言ったらよいでしょ

C「年を取ったライオンのじんざは火の輪くぐりが得意だった」

う。「〇〇な□□は…だった」という形で考えてみましょう。

では出来事は何でしょう。

大きな出来事は何でしょう。

「その後」は何でしょう。

大まかに四つにまとめられましたね。さて、大きな出来事のところでは、大きな変化が起こっています。今度はそこを考えてみましょう。変化する前ではじんざはどうしていますか。

そうですね。では、大きな変化の後、じんざはどうなりましたか。

なぜ、男の子は助かって、じんざはいなくなったのでしょう。

じんざが燃えている炎の中に飛び込んでいったのが、変化の原

です。

C「男の子と友達になったじんざは足をくじいてしまった」です。

C「火事から男の子を助けたじんざは炎といっしょに消えた」です。

C「次の日のサーカスには火の輪くぐりをするじんざはいなかった」です。

C じんざは男の子のアパートが燃えているのを見つけました。

C 男の子は助かったけど、じんざはいなくなってしまいました。

C じんざがアパートの燃えている炎の中に飛び込んだからです。

C 読む人がはらはらしたり、わくわくしたりするような物語にな

因ですね。このように変化の原因がはっきりと分かるようなあらすじだと、どんないいことがありそうですか。

る と思います。

スイッチ発問? では今回は、変化の「原因」がはっきりしたあらすじをつくりましょう

黒板にあるような表を作りあらすじを書きます。次の国語の時間にあらすじを詳しくしていきますので、今日はそれぞれのところは1文で書きましょう。

まず、一つ練習してみましょう。設定と出来事はこんな感じにします。設定は「森の中にたぬきのぽんたとねずみのチュー太郎が住んでいました」、出来事は「ある日、二人は仲よくピクニックに行きました」とします。その後、例えば、変化の前の出来事が、「チュー太郎は川に落ちてしまいました」とすると、変化の原因と変化の後はどうなるでしょう。その後は「二人でおいしくお弁当を食べました」としますね。まず、自分で考えてみてから、隣同士で言い合ってみて、変化の前、変化の原因、変化の後が自然につながっているかを教え合いましょう。

全体追究の形で、因果の思考を働かせていく。各自が考えたことをペアで相互評価させることで、考え方を確実に身に付けていくことにつながる。

（相互評価後）どうでしょうか。

Ⓒ 変化の原因が、「ぽんたは、船に化けて、チュー太郎を乗せてあげました」、変化の後は「チュー太郎は助かりました」と考えました。

Ⓒ 私が考えたのは、変化の原因が、「ぽんたは、丸太の橋になってチュー太郎をわたらせてあげました」変化の後は「チュー太郎は向こう岸に歩いて到着しました」です。

？ 自然なつながりになっていますか。

Ⓒ 自然なつながりになっています。

展開 ▶ 原則３：個人追究

？ 今度は自分の考えた設定を使って変化のあるあらすじを考えて、表に書いていきましょう。

設定のところに書いたことをすべて使うのではなくて、三つの設定はちゃんと入れながら、さっきみんなでやってみたようにできるだけ簡単に書きましょう。

展開 ► 原則 4：共同追究

それでは、ペアになって、みなさんが書いたあらすじを二つのポイントに沿ってチェックし合いましょう。一つ目は、はじめ－出来事－大きな出来事－その後の約束に沿っているかということです。二つ目は、大きな出来事のところの、変化の前－変化の原因－変化の後が、ちゃんと自然な変化になっているかです。チェックしたら、結果を教えてあげましょう。

－隣同士で相互評価する－

展開 ► 原則 5：自分の考えの精査・推敲

友達に教えてもらったことや友達の物語を読み、ひらめいたことを基にしてあらすじをもっと楽しくしてみましょう。

終末 ▶ 原則６：振り返り

? 今日はどんなことができましたか。どうやったらできましたか。

Ⓒ 変化の原因を考えてあらすじを作ったら、面白いお話になってきました。次の時間詳しくするのが楽しみです。

終末 ▶ 原則７：本時の成果を確認し、次回への意欲付けを行う。

4年（読むこと）働かせたい「見方・考え方」：1比較2定義3類推

教材「ごんぎつね」（光村図書）
単元の学習問題：「青いけむりが、まだつつ口から細く出ていました。」にはどんな意味がかくれているのだろう

「けむり」を「命」に変え、周りの言葉があるときとないときで比べて考えよう（第9時）

育てたい資質・能力

〈知識及び技能〉

様子や行動、気持ちや性格を表す語句を捉えることができる。

〈思考力、判断力、表現力等〉

人物の気持ちの変化や情景について、場面の移り変わりに関連付けて具体的に想像し、感想をもち、互いの感じ方の違いに気付くことができる。

〈学びに向かう力、人間性等〉

言葉がもつよさに気付くと共に、幅広く読書をし、国語を大切にして、思いや考えを伝え合おうとする。

教材の可能性

本教材は、ごんと兵十の関係性の変化を通して、心の通じ合いを描いている。ごんは故意に兵十からうなぎを取ったわけではないのに、兵十からはうなぎを盗んだと誤解される。うなぎのつぐないのつもりでいわしを兵十の家に投げ込むが、兵十はいわし屋にいわしを盗んだと思われ殴られる。毎日くりや松たけを兵十の家に持っていくが、加助はそれを神様の仕業だと言い、兵十は気付かない。物語が展開していく中、ごんの思いは兵十に届くことはない。ごんの思いが届くのは唯一、兵十がごんを銃で撃った後である。

活動範囲や友達の範囲が広がってくる4年生の子供にとって、自分の思いがしっかりと相手に伝わらないもどかしさを感じた体験は少なくない。したがって、子供たちには、ごんの気持ちが伝わらない兵十の姿を読み取

らせていき、そのうえで、自分の体験から類推させて、ごんの気持ちやその変化を解釈させていくことを大切にしたい。

同時に、本教材には豊かな情景描写が作品世界を彩っている。子供たちには、情景を解釈する力を育てていくことも大切にしたい。

その際、有効となるのが、あらかじめ教材に示されている言葉を抜き取ったり、別の言葉に変えてみたりして、印象を比較する方法である。こうすることにより、もともとある言葉の意味を強く感じ取ることができる。ストーリー読みと共に、描写を読む力も付けていきたい。

見方・考え方を働かせ育てていく単元展開

時	学習課題	見方・考え方	学習活動
1	作品の感想をもとう	自分が心を動かされた箇所に着目し、心を動かされた理由と思ったことを自覚する **スイッチ発問** **心を動かされたところを取り出して、理由とどんな気持ちになったかを書こう**	○全文を音読し、感想を書く。 ○兵十の問いかけにうなずいたごんの気持ちを考える。 ○最後の一文の必要性について話し合う。 ○単元の学習問題を考える。 ○物語の「視点」を説明する。
2	1場面を読み、設定を読み取ろう	時、場所、人物に注目し、具体的な様子を思い浮かべる **スイッチ発問** **いつ、どこで、誰が出てくるのかを取り出して、様子を詳しく思い浮かべよう**	○第一場面の「ある秋のことでした。」までを対象にして、時、場所、人物を取り出す。 ○ごんがしていたことを取り出す。 ○ごんの住んでいた場所を取り出し、ごんの思いを想像する。 ○ごんがなぜいたずらばかりしていたか想像する。 ○村人の思いを想像する。

3	ごんは本当にうなぎを盗んだのかな（1場面） 描写に気付く スイッチ発問 ? **空は「からっと」の「からっと」を取ったときと比べてみよう**	うなぎを取るところに着目して、行動を取り出し、自分と重ねてみる スイッチ発問 ? **うなぎをとるところのごんの行動を取り出し、自分だったらと考える**	○兵十の「ぬすっとぎつねめ」に注目し、課題を据える。 ○うなぎを取る場面のごんの気持ちを想像する。 ○雨が上がったときのごんの気持ちを想像する。 ○兵十の様子、ごんへの思いを想像する。
4	ごんはどんな気持ちで葬列を見ていたのだろう（2場面）	行動や様子を表す言葉を取り除いたときと比較する スイッチ発問 ? **「行動」「様子」を表す言葉に注目し、その言葉があるときとないときを比べよう**	○第2場面最後のごんの会話文から気持ちを確認し、きっかけを葬列の場面から探るという課題をもつ。 ○「赤いきれ」と「きれ」を比較するなど、言葉を抜き取り比較する中、ごんの気持ちを想像していく。
5	ごんのつぐないの気持ちはどのように変化しただろう（3場面）	ごんのつぐないを取り出して比べる スイッチ発問 ? **つぐないの品物、渡し方を比べよう**	○「おれと同じ、ひとりぼっちの兵十か。」と思ったごんは兵十に何をしたか確認する中で、学習課題を設定する。 ○つぐないに使った物や、方法を比較する。 ○兵十はごんの行為に気付いているか確認する。
6	ごんはなぜ二人の後をつけていったのだろう（第4場面）	会話文に着目し、自分が聞いたらどう思うか想像する スイッチ発問 ? **兵十と加助の会話を聞いて自分ならどう思うか想像してみよう**	○第4場面冒頭のごんの様子を描写から想像する。 ○加助と兵十の会話文のそれぞれの会話文に対するごんの気持ちを想像していく。 ○お経を読む声を聞きながらごんは何を考えていたか想像する。

7	ごんのつぐないは最初の頃からなぜ変わったのだろう（第５場面）	くりや松たけを取るごんを想像し、自分ならどう思うか想像するごんの設定を当てはめてみる。 **スイッチ発問** 一人ぼっちに着目し、自分と重ねてみよう **スイッチ発問** くりや松たけを取るごんに自分を重ねてみよう	○加助と兵十の会話文のそれぞれの会話文に対するごんの気持ちを想像していく。 ○なぜごんの気持ちは変化したかを想像する。 ○孤独なごんが孤独な兵十にどんな気持ちでいるかを想像する。 ○兵十のごんへの気持ちを確認する。
8	ぐったりと目をつぶったままうなずいたごんはどんな気持ちだったのだろう（第６場面）	兵十のごんに対する名前の呼び方を比較する **スイッチ発問** 兵十のごんに対する呼び方を比べてみよう	○前夜引き合わないと思ったごんがなぜ兵十の家に行ったのか想像する。 ○ごんを撃った兵十が土間のくりを見て思ったことを想像する。 ○兵十の呼びかけにうなずいたごんの気持ちを想像する。
9	「青いけむりが、まだつつ口から細く出ていました。」には、どんな意味が隠れているのだろう	言葉を変え、取り除いてみたときと比較する。 **スイッチ発問** 「けむり」を「命」に変え、周りの言葉を取ったときと比べてみよう **スイッチ発問** ごんの様子を基に兵十の気持ちを考えよう	○兵十が火縄銃を落としたときの気持ちを想像する。 ○「青いけむりが…」の一文のときのごんの様子、兵十の気持ちを想像する。 ○「けむり」を「命」に変えたうえで、「青い」「まだ」「細く」等の言葉に着目し、取り除いたときとの比較をすることで、ごんの様子を考える。 ○兵十の気持ちを想像する。

10	ごんぎつねはひたすら悲しい物語だろうか	はじめの一文の意味について、加助と兵十が何を話したのかを、物語の内容を踏まえて想像する **スイッチ発問** **兵十と加助はどんなことを話したのか、兵十の体験を基に詳しく考えよう**	○全文を音読し、これまでの流れを確認し、余韻に浸る。 ○作品から伝わってきたものを一言で思い浮かべる。 ○気持ちが伝わることの困難さについて検討してみることを確認し合う。 ○はじめの一文は何のためにあるのかを考える。 ○第３場面での会話を受け、ごんを撃ってしまった後の兵十の家に来た加助に兵十が何を語ったのか考え合う。 ○話を聞いた加助はどうしたのか想像する。 ○大勢の人が代々ごんの話を伝えてきたことから、はじめの一文の意味を考える。
11	作品を読んだ感想をまとめよう	物語の展開、表現に着目して、理由付けをして感じたことを書く **スイッチ発問** **物語で心に残った出来事や書き方を取り上げて、理由を付けて思ったことを書こう**	○出来事と共に、表現も感想をもつ対象にすることを知る。 ○第６場面で兵十に視点があることでどんなことを感じるか出し合う。 ○全文を音読し、感想を書こうと思うところの見当を付ける。 ○感想を書く。
12	互いの感想を読み、自分の読みをもっと広げよう	友達の感想と自分の感想を比較する **スイッチ発問** **友達の感想と自分の感想を比べて、気付かなかった読み方を見付けよう**	○学習課題をもつ。 ○自分の感想と比較しながら、互いの感想を読み合う。 ○友達の感想を読み、気付いた読み方があれば、自分の感想に加えていく。

見方・考え方を働かせ育てるためのピックアップ授業　第9時

○本時の目標

「青いけむりが、まだつつ口から細く出ていました。」の一文を基にして、ごんの失われつつある生命を想像すると共に、取り返しがつかないことをしたと思う兵十の気持ちを想像することができる。〈思、判、表C (1) エ〉

○本時の評価

「読むこと」において、「ごんぎつね」の最後の一文を比較思考を通すことで読み取っている。（思考・判断・表現）

○この授業で働かせ、育てていく見方・考え方

「言葉を別の言葉に言い換え、周辺の言葉を抜き取ったときとの意味を比較する」

作品に埋め込まれている言葉を別の言葉に変えて解釈するという読みは禁じ手であろう。しかし、これまでの筆者の実践では最後の一文のもつ耐え難い悲しみを子供たちに示すことはなかなかできなかった。そこで、ごんの消えゆく命の象徴でもある「けむり」を「命」に代えて提示することで象徴表現よりも直接的に子供たちに作品世界に触れさせたいと願い、この手法をとっている。そのうえで、「青い」「まだ」「細く」に着目して、それらの言葉を除いたときの意味の比較をする。こうすることで、ごんの命の灯が、かすかにともっていること等を捉えさせることができる。「青い」について重ねて言えば、この色が出てくるのはここ一か所であり、作中では「赤いさつまいも」や「赤いきれのように」等、生気を表す「赤」と比較すると、ごんの死が迫っていることが実感として捉えられる。

このようにごんの姿を解釈したうえで、つつ口から出ている青い煙を見つめる兵十の気持ちを問うことで、兵十の絶望的な悲しみを想像していくことも可能になる。

○授業展開

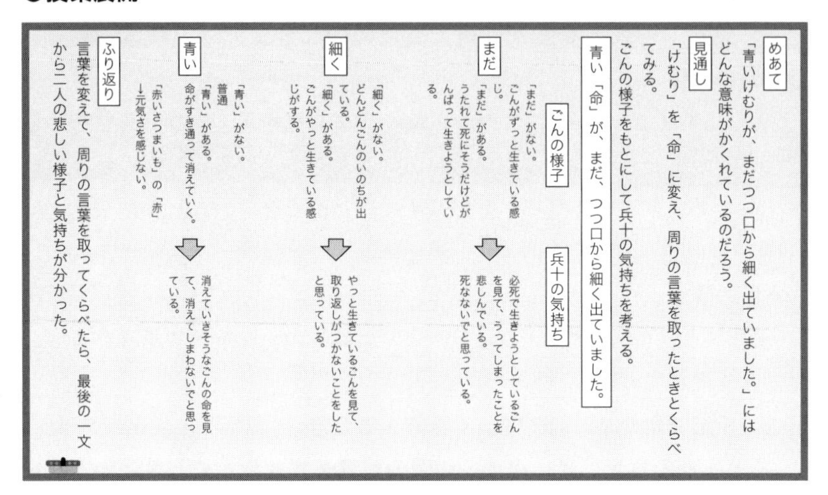

導入 ▶ 原則 1：学習課題の設定

？ ごんがぐったりと目をつぶったままうなずくと、兵十はどうしましたか。

Ⓒ 火縄銃をばたりと取り落とします。

？ それはどんな気持ちからですか。

Ⓒ 前の時間にもやったように、くりや松たけを持ってきてくれていたのがごんだと分かって、自分に親切にしてくれていたのに撃ってしまって取り返しのつかないことをしたと思ったからです。

？ では、その次の一文「青いけむりが、まだつつ口から細く出て

Ⓒ まだ火縄銃を撃ってからそんなに時間が経っていないとか…。

いました。」はどんなことを表しているのでしょう。

? ごんの様子や兵十の気持ちはどうですか。

C ごんは倒れていて、兵十はぼうっとしていると思います。

C この文には書いていないので、よく分かりません。

▶ 原則2：見通しの設定

? 直接には書いていなくても、ごんの様子や兵十の気持ちは考えることができます。火縄銃から出ている青い煙ですが、この言葉から何を思い浮かべますか。

C 死んじゃいそうなごんの魂です。

なじみの少ない見方・考え方を働かせていくが、できるだけ、子供から引き出せるところは引き出し、子供の考えを位置付けたい。

? では、「けむり」を「命」に代えて「青い命が、まだつつ口から細く出ていました。」にしてみましょう。そうしたら、みなさんが使える考え方を使ってみましょう。どんな考え方が使えそうですか。

C 「ごんぎつね」の勉強の中でも使った「言葉の抜き取り読み」を使えばいけそうだと思います。

どうやりますか

C「青い」とか「まだ」とかの言葉が、あるときとないときを比べます。

スイッチ発問 では「けむり」を「命」に変え、周りの言葉をあるときとないときで比べてまずごんの様子を考えてみましょう

展開 ▶ 原則３：個人追究

板書例に示したような表を作り、ごんの様子と兵十の気持ちを書き込んでいく。自分が考えやすい言葉からやってみましょう。

すべてについて考えをつくらせる必要はない。できそうなところから始めていき、共同追究で他の子の考えから学ぶことで、文全体の解釈をする。

展開 ▶ 原則４：共同追究

ごんの様子を出し合っていきましょう。まず「まだ」について聞いてみましょう。

C「まだ」がないとごんがずっと生きている感じがするけれど、「まだ」があるので、撃たれて死にそうだけど頑張って生きようとしている様子が分かります。

紙幅の都合で一問一答式になっているが、実際には一つの言葉についての考えを複数出させ、学習を膨らませていく。

❓「細く」についてはどうでしょう。

Ⓒ「細く」がないとどんどんごんの命が出ている感じがするけれど、「細く」があるのでごんがやっと生きている感じがします。

❓「青い」についてはどうですか。

Ⓒ「青い」がないと普通に感じるけれど、青があると命が透き通って消えていくような感じがします。

❓「青い」を「赤い」にしたときと比べるとどうでしょう。この作品では「赤い」は出てきますか。

Ⓒ「赤いさつまいもみたいな」とか「赤いきれのように」などいくつもあります。

では「赤いさつまいも」の赤と「青い命」と比べてみるとごんの様子はどんな感じがするでしょうか。

Ⓒ「赤いさつまいも」の「赤」と比べると元気さを感じないです。

💡ごんの様子がたくさん浮かんできましたね。ではその様子を見

た兵十はどんな気持ちになったでしょうか。

スイッチ発問 ? ごんの様子を基にして兵十の気持ちを考えよう

展開 ▶ 原則３：個人追究

兵十の気持ちを想像する。

展開 ▶ 原則４：共同追究

? 兵十はどんな気持ちでしたか。

Ⓒ「まだ」のところから、必死で生きようとしているごんを見て、撃ってしまったことを悲しんでいると思いました。

Ⓒ付け足しで「ごん死なないで」と思っていると思います、

Ⓒ「細く」のところから、やっと生きているごんを見て、取り返しがつかないことをしたと思っていると思います。

Ⓒ「青い」のところから、消えていきそうなごんの命を見て、消えてしまわないでと思っていると思います。

展開 ▶ 原則５：自分の考えをまとめる「青いけむり…」の一文から伝わってきたことを改めてまとめる。

終末 ▶ 原則６：振り返り

? 今日の授業では、どう考えたら何ができましたか。

Ⓒ 言葉を変えて、周りの言葉を取って比べたら、最後の一文から二人の悲しい様子と気持ちが分かりました。

終末 ▶ 原則７：最後の一文に表れたやり切れない切なさや、言葉を変えたり、抜いたりする読み方のよさを確認する。

4年（読むこと）働かせたい「見方・考え方」：1 比較 2 定義

教材「アップとルーズで伝える」（光村図書）

単元の学習問題：アップとルーズにはどんな違いがあるのだろう

観点に沿って、アップとルーズで分かることと分からないことを取り出し、比べよう（第4時）

育てたい資質・能力

〈知識及び技能〉

比較の仕方を理解し、使うことができる。

〈思考力、判断力、表現力等〉

段落相互の関係に着目し、考えとそれを支える理由や事例との関係などについて、叙述を基に読み取り、自分の考えをもつことができる。

〈学びに向かう力、人間性等〉

言葉がもつよさに気付くとともに、幅広く読書をし、国語を大切にして、思いや考えを伝え合おうとする。

教材の可能性

本教材は、主にテレビカメラで撮影する際のアップとルーズの二つの撮り方を取り上げ、両者の違いを説明している。

両者の違いを説明するために、対比の手法を取っている。そして、片方の撮影方法ではできないことがもう片方の撮影方法ではできるというような相互補完関係となるように書かれている。

このため、内容面でのアップとルーズの特性、その説明のための対比、説明対象の相互補完関係という三つのことを整理して指導することが必要となる。つまり、子供たちが追究する中心の課題としては、アップとルーズの違いは何かということになり、そのことを理解していくために、対比関係になっているところを整理すると共に相互補完にも気付かせていくということを指導者側が意識しておく必要がある。

説明文は、そこに埋め込まれている表現の仕方を学んでいくことが大切であり、本教材では対比がそれに当たるのだが、対比そのものを学ぶための教材としてしまうとやはり味気ない。

相手に物事を伝えていく際、アップとルーズを目的や意図に合わせて使い分けるよさを理解することと併せて、説明する方法としての対比のよさを認識できるように獲得したい目的と方法を整理して指導に当たりたい。

見方・考え方を働かせ育てていく単元展開

時	学習課題	見方・考え方	学習活動
1	文章に対して感想をもとう	自分が心を動かされた箇所に着目し、心を動かされた理由と思ったことを自覚する **スイッチ発問** **心を動かされたところを抜き出して動かされたわけとどんなことを思ったか書こう**	○全文を音読する。 ○心を動かされた箇所に着目し、感想を書く。 ○単元全体の学習課題を考える。
2	文章全体を大きく三つに分けよう	はじめ・中・終わりの定義に沿って段落を分ける **スイッチ発問** **はじめ－中－終わりの役割に沿って、本文を大きく三つに分けよう**	○本時の学習課題を共有する。 ○序論－本論－結論の定義を確認する。 ○形式段落に段落番号を付ける。 ○各段落の分かれ目を見付けながら音読する。 ○文章全体をはじめ－中－終わりに分ける。
3	第1、2段落からアップとルーズの違いを見つけよう	観点をもち、対比関係になっているものを取り出す **スイッチ発問** **観点に沿って、対比関係になっていることを取り出そう**	○1、2段落で工夫されている説明の仕方について見当を付ける。 ○1、2段落からアップ、ルーズが対比されている箇所を見付ける。 ○見付けたものがどんな観点で対比されているか検討する。

4	4、5段落からアップとルーズの違いを見付けよう	観点をもち、対比関係になっているものを取り出す。 スイッチ発問 **観点に沿って、アップとルーズで分かることと分からないことを取り出し比べよう**	○前時に学習した考え方を使い、4、5段落から対比関係になっている事柄を取り出す。 ○相互補完関係になっているものを見付ける。
5	どんなときにアップを使い、どんなときにルーズを使って説明するとよいか考え合う	物事を伝える目的・相手・方法・題材に沿って、判断する。 スイッチ発問 **目的・相手・方法・材料を思い浮かべて具体的にしよう**	○家で家族に、今日あったことを説明するという設定で、全員でやってみる。 ○状況設定をして、アップとルーズの使い分けをする。
6	対比を使い簡単な説明文を書く	対比の考え方を使い、二つの対象の違いを具体化する スイッチ発問 **対比を使って、二つのことの違いを見付けよう**	○対比の考え方を使い、二つのものを比べる文章を書く。 ○教材文に倣い、相互補完関係にあるものにも挑戦する。

見方・考え方を働かせ育てるためのピックアップ授業 第4時

○本時の目標

第4段落と第5段落で、対比関係になっている事柄を取り出すことで、アップとルーズの長所や短所、また、両者が相互補完関係になっていることを読み取ることができる。〈思、判、表C (1) ア〉

○本時の評価

「読むこと」において、対比の考え方を使い、第4、5段落の内容を読み取っている。(思考・判断・表現)

○この授業で働かせ、育てていく見方・考え方

「観点に沿って対比関係になっている事柄を取り出す」

第1段落と第2段落で取り上げられているアップとルーズの内容も、実は対比関係となっている。従って、第1段落と第2段落で対比の定義を理解させたり、観点を設定してアップとルーズについて取り出すことを行わせたりしておくことで、本時は、前時に働かせた見方・考え方を活用させ、習熟させていくという流れができる。

○授業展開

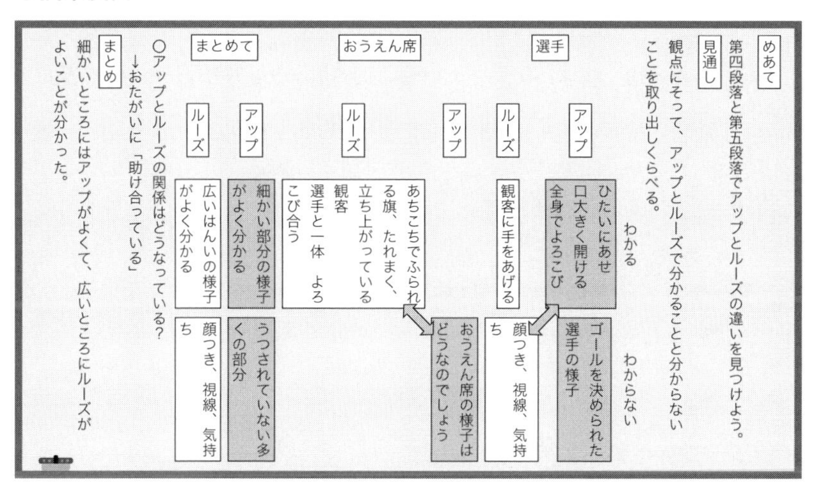

発問　確認　指示　子供の発言

導入 ► 原則1：学習課題の設定

今日は、第4段落と第5段落を読み、アップとルーズの違いを見付けていきましょう。教科書の本文を一度読み、見当を付けたら、早速やってみましょう。

前時の復習は行わず、個人追究に入る。丁寧に前時の内容を確認せずに展開することも、子供が主体性をもち学習内容を獲得するために、時には必要である。

展開 ▶ 原則３：個人追究

-本文を一読後、第４段落、第５段落から、観点ごとにアップとルーズの違いを取り出し、ノートに整理していく。-

展開 ▶ 原則４：共同追究

? アップとルーズの違いを見つけた人は発表してください。

C「選手」を観点にすると、アップでは「ひたいにあせを光らせ、口を大きく開けて、全身でよろこびを表しながら走る選手の様子」が分かって、ルーズでは「観客に手をあげる選手」の様子がよく分かります。

? よくできています。どんな方法を使ったのですか。

C 対比を使いました。

C 二つのものを比べて違いをはっきりさせることです。

C 観点です。

子供に意見を出させたときに、どういう考え方を使ったのかを尋ね、共有する。特に今回のように、前時に問題解決のための考え方を学んでいる場合には、子供から出させ活躍させると共に、前時の指導の定着を把握する。

? 対比とは何ですか。

? 比べるときに大切なことは何を意識することですか。

その通りですね。この説明文ではアップとルーズの違いについて対比を使って説明しているので、読むときにもどんなことがどんな観点で対比されているのかを意識することが大切でしたね。

C 第４段落と第５段落では「分からないこと」も書いてあります。

原則２：見通しの設定

? 第Ⅰ段落と第２段落ではアップとルーズで分かることが書いてありましたが、第４段落と第５段落でも同じですか。

そうですね。

スイッチ発問 ? では今回は、観点に沿って、アップとルーズで分かることと分からないことを取り出し比べてみましょう

展開 ▶ 原則３：個人追究

－板書で示したような形で整理しながら、本文に書かれていることを取り出していく。－

展開 ▶ 原則4：共同追究

？ まず「選手」を観点にしたときに、さっきは「分かること」についてまとめましたが、「分からないこと」にはどんなことがありましたか。

Ⓒ アップでは、「ゴールを決められたチームの選手の様子」が分かりません。ルーズでは、「各選手の顔つきや視線、それらから感じられる気持ち」は分かりません。

？ では、選手以外の観点ではどうでしょうか。

Ⓒ「おうえん席」を観点にして、「分かること」でみると、アップにはなくて、ルーズでは「あちこちでふられる旗、たれまく、立ち上がっている観客」と書いてあります。

Ⓒ ルーズで分かることの付け足しで「選手とおうえんした人たちとが一体となって、しょうりをよろこび合っています。」があります。

？「おうえん席」で「分からないこと」には何がありますか。

Ⓒ ルーズには書いてないけれど、アップには「おうえん席の様子はどうなのでしょう。走っている選手いがいの、うつされていない多くの部分のことは、アップでは分かりません。」とあります。

？ 他にはどうですか。

Ⓒ もうありません。

？ 第4段落と第5段落で、これまで出されたところ以外に目を向けてみると、対比の関係がつくれ

Ⓒ「アップでとると、細かい部分の様子がよく分かります。」と「ルーズでとると、広いはんいの

ませんか。

様子がよく分かります。」というのが、セットになっている気がします。

いいところに気付きましたね。観点はどうしたらいいですか。

C「分かること」にするといいです。

Cでも、第4段落は「分かること」と「分からないこと」が書いてあるところなので「分かること」を観点にしてしまうのはよくないと思います。

Cじゃあ、他のところが詳しいことを言っているけれど、ここはまとめた感じがするところだから、「まとめて」を観点にするといいと思います。

「まとめて」を観点にしたとき、「分からないこと」は何ですか。

Cアップでは「走っている選手いがいの多くのこと」で、ルーズでは「各選手の顔つきや視線、それらから感じられる気持ち」です。

観点に沿ってアップとルーズの違いが取り出せましたね。もう少し考えていきましょう。黒板を見て、片方の分からないことは、片方の何になっているのか見付けてみましょう。

Cルーズのできないことはアップのできることになっています。

どういうことですか。

C選手を観点にしたとき、ルーズでは選手の顔つきとかは分からないけれど、アップでは口を大きく開けてとか書いてあるので分かります。

? アップで分からなくてルーズで分かることはありませんか（観点「まとめて」も同様に行う）。

C 応援席を観点にしたときに、アップでは「おうえん席の様子はどうなのでしょう」と書いてあり分からないけれど、ルーズでは、「あちこちでふられる旗」みたいに応援席の様子がよく分かります。

? まとめていうとアップとルーズはどんな関係なのでしょう。

C アップとルーズは互いに助け合っているような関係です。

展開 ► 原則5：自分の考えをまとめる

-ノートにまとめる-

アップとルーズはそれぞれどんなときによいかまとめる。

終末 ► 原則6：振り返り

? 今日の授業では、どう考えたら何ができましたか。

C 対比を見たらアップとルーズの長所と短所と助け合いが分かりました。

終末 ► 原則7：対比を意識して文章を読み取る方法のよさとアップとルーズの特性の確認をする。

4年（話すこと・聞くこと）働かせたい「見方・考え方」：1比較2定義

教材「学校についてしょうかいすることを考えよう」（東京書籍）

単元の学習問題：意見の出し方、進め方を知ってよりよい考えをつくろう

 モデルを参考に、観点に沿って意見を比較しよう

育てたい資質・能力

〈知識及び技能〉

比較の仕方を理解し、使うことができる。

〈思考力、判断力、表現力等〉

目的に沿って情報を収集し、司会などの役割を果たしながら話し合い、互いの意見の共通点や相違点に着目して、考えをまとめることができる。

〈学びに向かう力、人間性等〉

言葉がもつよさに気付くと共に、幅広く読書をし、国語を大切にして、思いや考えを伝え合おうとする。

教材の可能性

本教材は、来入児に学校を紹介する際に、どこを紹介するとよいかを話し合うことを通して、上に挙げた資質・能力を育成することをねらっている。「話すこと・聞くこと」や「書くこと」領域での近年の教科書紙面は、モデルをきちんと見せる傾向が見て取れる。本教材も同様に話し合いのモデルが大幅な紙面を割いて掲載されている。このことにより、話し合いの出発点から到達点まで、子供にとって具体的に見通しをもつことができる。

本教材は、いったんグループで話し合いを行ってから全体での話し合いを行うという流れになっているが、グループでの話し合いについては、教科書にはモデル化されていない。グループでの話し合いが成立し、話し合う力を付けた状態で全体での話し合いに移行することが、身に付いた力を活用していくという意味合いで望ましい。

そこで、ここでは、グループの話し合いの力を付けていくための授業に

ついてピックアップ授業で取り上げた。国語の授業としてみたとき、話し合いは活動が活発になり結論がまとまればよい、というものではない。活発に話し合い、結論に至ることの基になる話し合う力が育つことが必要である。

教科書に掲載されているモデルをグループの話し合いにも活用しながら、発言内容を比較し共通・相違に着目して話し合う力を付けていきたい。

見方・考え方を働かせ育てていく単元展開

時	学習課題	見方・考え方	学習活動
1	よりよい話し合いの仕方を見付けよう	来入児に紹介したい場所に着目し、観点に沿って比較する スイッチ発問 ? 出された場所に着目し、どんな点から比べているか見付けよう	○来入児に紹介した場所について話し合う。 ○うまくいかなかった点を出し合う。 ○教科書のモデルを読み、優れているところを出し合う。 ○単元の学習問題をもつ。
2	紹介したい場所と理由を考える。	目的に沿って、紹介したい場所と理由を明らかにする スイッチ発問 ? 初めて学校に来る来入児が、学校が楽しみになるような場所を理由も併せて考えよう	○設定として、初めて学校に来る来入児に学校の紹介をするということを明確にする。 ○当日は来入児とペアになり45分の間に案内して回るという状況を明確にする。 ○自分の主張と理由をノートに書く。
3	グループごとに考えをまとめよう①	互いの意見の観点に着目し、比較する スイッチ発問 ? 観点に沿って、意見を比較しよう	○学習計画を確認する。 ○教科書のモデルを読み、進め方と考え方を確認する。 ○代表のグループが話し合う様子を全体でみて、意見を出す。 ○２グループでペアになり、相互評価しながら活動を進めていく。 ○司会は順番に行う。

4	グループごとに考えをまとめよう②	互いの意見の観点に着目し、比較する **スイッチ発問** **観点に沿って、意見を比較しよう**	○本時で、各グループの結論を出すことをめあてにすることを確認する。 ○２グループでペアになり、相互評価しながら活動を進めていく。 ○司会は順番に行う。
5	学級全体で考えをまとめよう①	互いの意見の観点に着目し、比較する **スイッチ発問** **観点に沿って、意見を比較しよう**	○教科書のモデルを読み、進め方や意見の出し方を確認する。 ○板書の仕方を確認する。 ○途中で止め、評価し合いながら進める。
6	学級全体で考えをまとめよう②	互いの意見の観点に着目し、比較する。 **スイッチ発問** **観点に沿って、意見を比較しよう**	○話し合いを最後まで行い、結論を出す。 ○話し合いでの意見の出し方や進め方について振り返る。

見方・考え方を働かせ育てるためのピックアップ授業　第４時

○本時の目標

教科書の話し合いの例を読んだり、グループで相互評価をしながら話し合いをしたりすることを通し、観点に沿って意見を比較して意見を出したり、司会をしたりすることができる。〈思、判、表Ａ（1）オ〉

○本時の評価

「話すこと・聞くこと」において、比較の考え方を使い、参加し、意見を述べたり司会をしたりしている。（思考・判断・表現）

○この授業で働かせ、育てていく見方・考え方

「観点に沿って、意見を比較する」

ここで挙げた見方・考え方は、本時から第６時までの一連の活動を通して、働かせ、育てていきたいものである。

なぜ、繰り返し行う必要があるのか。一つの文章に対して考えをもつ「読むこと」と違い、話し合いは、その場で生まれて消える一過性の言葉に対して意見をもつ。そのため、その時々で子供が出合う内容の幅が大きいため、繰り返して働かせていかないと、見方・考え方がなかなか自分のものになっていかないからである。

もう一つ理由がある。見方・考え方とは離れるが、それは司会の経験である。話し合う回数が少なければ役割を交代する機会も少なくなる。「話すこと・聞くこと」領域の時数は３領域の中で最も少なく、話し合いの単元は年間に一つということが多い。従って、指導者側は意識してすべての子供に司会を経験する機会が取れるような単元設計をすべきだからである。

○授業展開

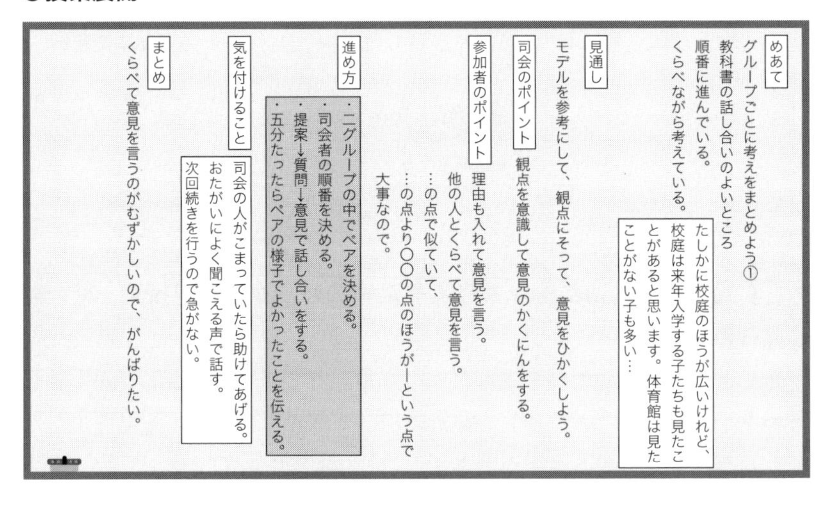

? 発問　確認　指示　C 子供の発言

導入 ▶ 原則１：学習課題の設定

? 今回と次の時間で話し合ってグループごとの考えをまとめていきましょう。

▶ 原則２：見通しの設定

? よい話し合いをしていくために、司会者と参加者はどんなことに気を付け進めていくとよいでしょう。 教科書を読み、よい点を見付けましょう。

－役割を決めて、教科書の話し合い例を音読する。－

教科書から入り、ポイントを押さえてから実際に行うことで、学習の焦点化と、到達点の目安をつかませる。

? 教科書はどのような進め方をしていますか。

Ⓒ 最初に提案して、質問して、話し合いをしてまとめています。

? 発言の仕方ですが、次の発言を読んでみてください。

「確かに校庭のほうが広いけれど、校庭は来年入学する子たちも見たことがあると思います。体育館は見たことがない子も多いだろうから、そちらのほうがよいと考えました。」

この発言でどんなところがよいでしょう。

Ⓒ 比べて発言をしています。

C 付け足しで、「来年入学する子が見たことがあるか」という点で校庭と体育館と比べているので、なるほどという気持ちになります。

確かに、「見たことがあるか」という観点で比べて発言できていると説得力がありますね。この発言で他にいいところはありますか。

C 自分たちもそうやって意見をつくったけど、理由を付けて言っているので、考えが分かりやすいです。

そうですね。みなさんと同じように教科書も理由を付けて発言しているので、どんな考えなのかが分かりやすいですね。

スイッチ発問 ? では私たちも、モデルを参考にして、観点に沿って意見を比較して発言しましょう

説明 司会者が気を付けるポイントは「観点を意識して意見の確認をする」こと、参加者が気を付けるポイントは「他の人と比べて意見を言う。例えば…の点で似ていて、…の点より〇〇の点のほうが—という点で大事なので」、「理由も入れて意見を言う」の二つにしましょう。
進め方は、「2グループの中でペアを決める、司会者の順番を決め

る、提案→質問→意見で話し合いをする、5分たったらペアの様子でよかったことを伝える」です。気を付ける点は「司会の人が困っていたら助けてあげる、互いによく聞こえる声で話す、次回続きを行うので急がない」です。

展開 ▶ 原則4：共同追究

では前後のグループ同士でペアになります。そしたら、ペアになったグループの中で相手のグループの人とペアをつくりましょう。ペアになった相手の子の発言を聞いていいところを言ってあげる役です。では初めに1班が話し合い、2班が話し合いを見て意見を言う様子をみんなで見て勉強します。

代表グループにまずやらせることで、考え方と具体的な活動のイメージをもたせる。

Ⓒ司会　これから来年入学する子たちに紹介することを話し合います。今日のテーマは場所です。グループの提案を紹介してもらったら、質問、意見の時間を取ります。みんなで話し合い、紹介することを一つ決めましょう。時間は20分間です。

ⒸA　私は理科室を紹介してあげたいです。理科室には、魚やヘビなどの標本があって、入学する子は見たことがないと思うからです。

ⒸB　私は音楽室を紹介してあげたいです。音楽室にはいろいろな楽器がたくさんあります。楽器の音を聞かせてあげたりしたら楽しいと思うからです。

Ⓒ…このあとC,Dの提案と続く。

Ⓒ司会　それぞれの発表について質問はありませんか。

ⒸBさんに質問です。音楽室の楽器は音を聞かせてあげるだけで、音を出させてあげたりしないんですか。

ⒸB　やり方をよく知らないで音を出してこわしちゃうといけないから、音を出すのは4年生でやります。

Ⓒ司会　では出された意見を確認します。1年生に紹介したい場所として、理科室、音楽室…が出ました。出た中からどれか一つに絞っていきます。

Ⓒ意見を出してください。

ⒸB　私はAさんに反対で音楽室がいいと思います。楽しいかという観点で比べると、理科室はいろいろな動物の標本があって珍しいとは思いますが、怖いと思う人もいると思うので楽しくならないと思います。それに比べて音楽室は、楽器はあるし音も聞けるので楽しいので、4月に入学するのが楽しみになると思います。

? 5分経ちました。では2班のみなさん、司会と参加者のポイントに沿って、1班のみなさんのよいところを出してください。

Ⓒ Aさんが理由を言っていたので、どうしてそこを紹介したいのかがよく分かりました。

? 他の班のみなさんはどうですか。

Ⓒ Bさんも最初の提案に理由が入っていたのでどうして音楽室を紹介したいのかがよく分かりました。

よく話し合いができて、よいところ探しもよくできていました。では、グループごとにペアになり始めます。5分経ったら知らせますのでストップして話し合いの振り返りをしてください。
…各グループで司会を交代しながら話し合いと相互評価を繰り返す。

終末 ▶ 原則6：振り返り

話し合いの仕方で勉強になったことをまとめる。

? 今日の授業では、どう考えたら何ができましたか。

Ⓒ ペアで見合いながら、話し合いをして、よい点を言ってもらったり、見つけたりして観点に沿って比べて意見を言うよさが少し分かりましたが難しかったです。

終末 ▶ 原則7：次回も話し合いの続きをしていくことを伝える中、観点に沿って比較する意見は少しずつ慣れればよいことを添える。

5年（読むこと）働かせたい「見方・考え方」：1比較　2定義　4因果　7具体・抽象

教材「大造じいさんとガン」（光村図書）

単元の学習問題：大造じいさんはなぜ残雪のことを「英雄」と言ったのだろう

「変化のある繰り返し表現」を比べて、大造じいさんの気持ちを考えてみよう（第3時）

育てたい資質・能力

〈知識及び技能〉

比喩や反復など表現の工夫に気付くことができる。

〈思考力、判断力、表現力等〉

登場人物の相互関係や心情を捉え、表現の効果を考えることができる。

〈学びに向かう力、人間性等〉

進んで解釈に取り組み、見通しをもって考えをつくり、伝え合おうとする。

教材の可能性

本教材は、前書きとそれに続く大きな四つの場面から成っている。場面は年ごとに区切られ、大造じいさんとガンの頭領「残雪」との戦いを中心とした、4年間の出来事が描かれている。

大造じいさんが残雪を捕らえようとする作戦は3回登場する。作戦を重ねるごとにじいさんの残雪を捕らえようとする気持ちが強くなっていく様は、じいさんがぬま地に出かける時間帯を比較することで理解することができる。最初の作戦では、「昼近く」であるが、その後の作戦では「夜の間」からぬま地に出かけ、小屋に待機している。

また、作戦を重ねるごとに、作戦に手間を掛けるようになっていく。1回目の作戦では、一晩中かけてわなを仕掛ける。それが失敗すると、2回目では、夏中かけてタニシを集めている。さらに、3回目の作戦では、かつて生け捕りにしたカモを2年間かけて飼いならしている。

このように、本教材では、「作戦を実行する時間帯」、「作戦に掛ける手間」など、「変化する反復表現」を比較することにより、じいさんの心情を解釈することができる。この他にも、情景描写の比較や、オノマトペ、一文の長さへの着目等から教材を豊かに解釈することができ、表現の面から、物語・小説を読むための見方・考え方を働かせ、育てていくために好適な教材である。

見方・考え方を働かせ育てていく単元展開

時	学習課題	見方・考え方	学習活動
1	初めの感想をもとう	一番印象に残った場面に着目し、印象に残った理由を考える スイッチ発問？ **印象に残った場面と理由をセットにして考えよう**	○教師の範読を聞きながら、気になった箇所に線を引く。 ○一番印象に残った箇所と理由を書く。 ○互いの感想を交流する。
2	物語の全体像をつかもう	状況設定－発端－展開－山場－結末の定義と三つの設定に沿って分ける スイッチ発問？ **五つの場面の性質と時・場所・人物の三つの設定を使って分けよう**	○物語を場面分けする基準の確認をする。 ○物語を五つに分ける。
3	三つの作戦を行ったじいさんの心情をつかもう	変化する反復表現に着目し、比較する スイッチ発問？ **「変化のある繰り返し表現」を比べて、大造じいさんの気持ちを考えてみよう**	○変化する反復表現について理解し合う。 ○変化する反復表現を取り出し、比較し、じいさんの心情を想像する。

4	残雪を助けたじいさんの心情を想像し、テーマをつかもう	ハヤブサが現れたときとじいさんが近寄ったときの残雪の姿に着目し、比較する **スイッチ発問** **?** **二つの出来事のときの残雪の「目」に着目しよう**	○二つの出来事の際の残雪の姿を取り出す。 ○残雪の姿を見たじいさんの心内語を想像する。 ○テーマを考える
5	表現が与える効果を感じよう	オノマトペ、一文の長さ、漢語に着目し、抜き取ったり、言い換えたりして比較する。 **スイッチ発問** **?** **「ぱっと、白い羽毛が…」と「白い羽毛が…」を比べてみよう。**	○物語全体から感じる印象を出し合う。 ○オノマトペ、一文の長さ、漢語に着目し、表現を取り出し、変えた場合と比較する。
6	感想を広げ、深めよう	一番印象に残った箇所と理由を書く 友達の感想と比較する **スイッチ発問** **?** **物語の内容面、書き方の二つの面について理由を付けて感想を書こう**	○物語の展開から感じたことと共に、表現の巧みさから感じたことも書く。 ○感想を共有し、改めて自分の感想をもつ。

見方・考え方を働かせ育てるためのピックアップ授業 第3時

○本時の目標

三つの作戦の際の変化する反復表現を比較することにより、残雪を捉えることに対して執念が高まっていく大造じいさんの心情を想像することができる。〈思、判、表C（1）イ〉

○本時の評価

「読むこと」において、変化する反復表現を比較することにより、残雪を捉えることに対して執念が高まっていく大造じいさんの心情を想像して

いる。（思考・判断・表現）

○この授業で働かせ、育てていく見方・考え方

「変化する反復表現に着目し、比較する」

変化する反復表現に着目し、取り出し、その違いを比較することにより、様々な物語を味わい深く読むことができる。本時では三つの作戦の際の変化する反復表現に着目して比較することにより、大造じいさんの心情に迫っていく。

○授業展開

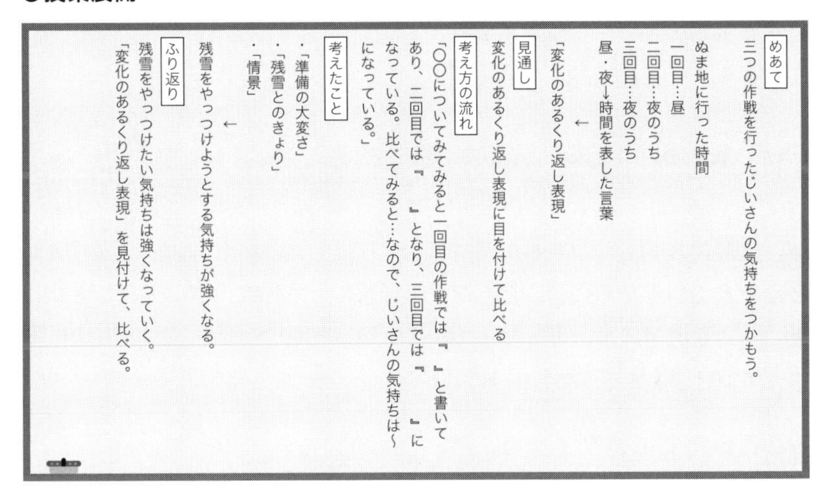

発問　　 指示　子供の発言

導入 ▶ 原則1：学習課題の設定

？ 残雪を撃つためのじいさんの作戦は何回ありましたか。	Ⓒ 3回です。
？ 作戦を行うたびに、じいさんはどんな気持ちになっていきましたか。	Ⓒ どんどん残雪をやっつけようという気持ちが強くなった。

それはどこから分かりますか。

C …

「何となく」感じていることを自覚させ、言葉に目を向けるきっかけにしていく。

残雪をやっつけようという気持ちが強くなったということは何となく見当がつきますが、実際はどうだったのかみんなで考えてみましょう。

導入 ▶ 原則2：見通しの設定

残雪に対するじいさんの気持ちを考えていくためには、どんなところに目を付けて、どうやって考えていけばよさそうでしょう。

C 大造じいさんの気持ちが書かれているところを、見付けいけばいいと思います。

確かにその通りですね。では、一つ条件を付けましょう。「気持ちが直接書かれていないところ」に目を付けて考えていくにはどうすればいいでしょうか。

C 行動に目を付けるとよいです。

C 様子に目を付けるとよいです。

C 出てくるものに目を付けるとよいです。

間接描写に目を向けさせるため、直接描写への着目は除外する。

じいさんは、１回目の作戦のときはいつ頃ぬま地に出かけていますか。

Ⓒ「昼近く」です。

一斉授業で「時間」に着目して比較することで、働かせる見方・考え方を理解させ、効果を実感させる。

では、２回目はいつですか。

Ⓒ「夜の間」です。

３回目になると、いつ出かけていますか。

Ⓒ「その夜のうち」と書いてあるので、夜です。

では、この三つを比べて、じいさんの残雪に対する気持ちがどのようになっていったかを考えてみましょう。

Ⓒ「昼」と「夜」を比べると、残雪が来るまでに待っている時間が夜のほうがずっと長いので、それだけ、苦労しても残雪をやっつけようという気持ちが強くなったと思います。

時間に着目し、比較した結果を基に意見を述べさせる。

Ⓒ私も似ていて、「昼」と「夜」を比べると、この時期は秋なので、夜から待っているほうがずっと寒いのに、待っていられたということは、それだけ残雪を仕留めたいという気持ちが強くなったということだと思います。

みなさん、素晴らしいですね。昼と夜では時刻は違いますが、「時間を表した言葉」という点では仲間ですね。

比較する観点を明確にする。

他にも三つの作戦で、仲間になる言葉は同じでも、詳しい中身が違うものが幾つもあります。こういった言葉を「変化のある繰り返し表現」といいます。

スイッチ発問 ? 今から、10分時間を取りますので、変化のある繰り返し表現を見付けて、比べて、じいさんの気持ちを考えてみましょう

展開 ▶ 原則3：個人追究

自分の考えがすんなり書けない人は、こんな書き方を参考にしてみてください。

「○○についてみてみると1回目の作戦では『　』と書いてあり、2回目では『　』となり、3回目では『　』になっている。比べてみると…なので、じいさんの気持ちは〜になっている。」

意見の流れを示すことにより、子供は考えやすくなる。

-教師は、机間指導をしながら、変化する反復表現が見つからない子に視点を示す。学級全体の活動が停滞しているようなら、活動が進んでいる子の書いたものをモデルで示したり、ペアで考えさせたりして、思考の活性化を図る。-

展開 ▶ 原則4：共同追究

みなさんが考えたことを発表し、意見交換して、じいさんの気持ちがどうだったのかを考えていきましょう。
まず、隣の人同士で、発表し、意見交換して、自分の考えをより確かなものにしましょう。友達の意見を聞く際は「同じように思う」「それは気付かなった。なるほど」「よく分からなかったからもう少し詳しく教えて」の三つの反応を出し合い、互いの考えを深め合いましょう。

-ペアで発表、検討-

意見の流れを共通にしておくことで、互いの考えを理解しやすくなる。

全体で発表していきましょう。

観点を確認し、同じ観点の意見を出させる。

C 私は、「準備の大変さ」で考えました。1回目はタニシを一晩かけて用意しています。2回目になると、夏のうちからタニシを集めています。3回目になると、おとりのガンを使います。ガンは1回目の作戦のときに捕まえたものなので、ずっとドジョウなどのえさをあげて、大事に育てています。作戦が進むにつれてどんどん準備が大変になっているので、残雪を何とかしてやっつけたいとい気持ちが強くなっていると思います。

補助

? 同じように「準備の大変さ」で考えた人は他にいませんか。

C 「準備の大変さ」っていう言葉は使ってないけど、私は集めたタニシの量で考えました。1回目はウナギ釣り針を、たたみ糸で結び付けておくのを2日間かけているので時間は掛かっていますが、2回目の作戦になると、タニシをばらまいているので、たくさんのタニシが必要になります。だから…

補助

? 他の「変化のある繰り返し表現」を見付けた人はいますか。

C 私は「残雪とじいさんの距離」に目を付けました。1回目は…

C 私は、「情景」に目を付けました。…

展開 ▶ 原則５：もう一度一人になって考える

たくさんの意見が出てきましたね。出てきた意見を参考にして、三つの作戦でじいさんの気持ちはどうなっていったか、自分の意見をまとめましょう。

C ノートに自分の意見を書く。

Ａさん、発表してください。

ここで書いたことが本時の評価対象となる。この子の場合、確かな自分の考えが友達の考えにより一層広がりを見せているためＡ評価といえる。

C 私は、じいさんは残雪に対してどんどんやっつけたい気持ちが強くなっていったことは初めの考えと一緒でしたが、「残雪とじいさんの距離」の意見を聞いて、最初は見えなかったのが、段々よく見えるようになったということを聞いて、近付くほどじいさんはどんどん残雪をやっつけるチャンスを感じたんだろう思いました。

終末 ▶ 原則６：振り返り

今日の授業では、何が分かりましたか。そして、どう考えたら分かりましたか。ノートに簡単に書き、隣同士で聞き合いましょう。

できるだけ端的に書かせる。

C 隣同士で聞き合う。

日直さん、代表して言ってみてください。

考え方のよさと共に獲得した内容のよさも価値付ける。

C 今日は、3回の作戦で大造じいさんの残雪をやっつけたい気持ちが強くなっていくことが分かりました。「変化のある繰り返し表現」を見付けて、比べたら分かりました。

終末 ▶ 原則7：活用の呼びかけ

じいさんは残雪をやつつけたい気持ちがどんどん強くなったのですね。次回は、いよいよ残雪がハヤブサと戦う場面でのじいさんの気持ちについて考えましょう。それから、今日使った「変化のある繰り返し表現に目を付けて比べる」考え方は、図書館で借りている本でも使ってみると楽しそうですね。

教材「和の文化を受けつぐ」（東京書籍）

単元の学習問題：和菓子はどのようにしてその形を確立していったのだろうか

意味段落の観点に沿って具体的な事実を見付けよう（第4時）

育てたい資質・能力

〈知識及び技能〉

情報と情報との関係付けの仕方を理解することができる。

〈思考力、判断力、表現力等〉

文章全体の構成を捉えて要旨を把握すると共に、論の進め方について考えたりすることができる。

〈学びに向かう力、人間性等〉

言葉がもつよさを認識すると共に、進んで読書をし、国語の大切さを自覚して思いや考えを伝え合おうとする。

教材の可能性

本教材は、日本の伝統的な文化を代表するものとして和菓子を取り上げている。

和菓子がなぜ現代まで受け継がれているのかについて、和菓子の歴史、和菓子の文化、和菓子の文化を支えてきた人々の三つの観点から説明している。

説明の方法として、本教材では、何についての説明をするかを端的に述べ、それに続けて、具体を述べていくという特徴がある。

この説明の仕方は三つの事例すべて同様である。はじめに話題を示し、次に具体を述べるという説明の仕方は子供にとって分かりやすいものであり、同様の方法が文章全体を貫いているということも、分かりやすさを促進している。

子供たちに、文章の要旨をまとめていく活動の中で、本論のそれぞれの事例で用いられている具体と抽象の関係やその配列について気付かせていく。

そして、本教材を、読むことの後に位置付けられている、和の文化について調べたことを報告する文章を書く活動の際に、活用させていくことで、具体と抽象を意識した説明の仕方を獲得させていきたい。

見方・考え方を働かせ育てていく単元展開

時	学習課題	見方・考え方	学習活動
1	初めの感想をもとう	和菓子に着目し、印象に残ったことを取り出す **スイッチ発問** **和菓子に着目し、印象に残ったことを取り出す**	○和菓子に関し印象に残った箇所と理由を書く。 ○互いの感想を交流する。 ○単元の中心課題を決め出す。
2	文章全体を三つに分けよう	序論・本論・結論の定義に沿って分ける **スイッチ発問** **序論、本論、結論の役割に沿って区切ろう**	○序論；話題提供、本論；具体的な説明、結論；まとめと筆者の考えの定義に沿い分ける。 ○本論と結論の区切りは和菓子のみが述べられているか否かにより判断する。
3	本論を大きく四つに分けよう。	事例の観点に沿って本論を分ける **スイッチ発問** **何について述べているところなのかに沿って区切っていこう**	○和菓子の歴史、文化、支えた人、まとめの観点で分ける。
4	本論で述べられている内容をまとめよう	各観点と対応する事例を取り出す **スイッチ発問** **意味段落の観点に沿って具体的な事実を見付けよう**	○各段落の冒頭に示されている観点に対応している内容を取り出す。

5	文章の要旨をまとめよう	求められている条件に応じて、具体の程度を調整する **スイッチ発問** **字数に応じて、具体例の長さを変えよう**	○本論冒頭の問いに対する答えを意識して要旨をまとめる。 ○ 50 字程度で要旨をまとめた後、具体例を入れて 150 字程度でまとめる。
6	文章全体の論の進め方をまとめよう	観点と具体例、具体例同士の順序に着目する。 **スイッチ発問** **観点と例、例と例はどんな順番に並んでいるか考えよう**	○意味段落の観点と具体例の順序を見つける。 ○接続語に着目し、具体例の並べ方を把握する。
7、8	終わりの感想をもち、共有しよう	和菓子の世界について学んだことに対する感想をもつ。 **スイッチ発問** **和菓子について分かったことを取り上げて、それに対する考えを書こう**	○感想をもち、交流し合う。 ○自分で調べてみたい和の文化を一つ考える。

見方・考え方を働かせ育てるためのピックアップ授業　第4時

○本時の目標

各段落の冒頭に挙げられている観点に着目し、対応する具体例を取り出すことにより、意味段落の内容を把握することができる。〈思、判、表C(1) ア〉

○本時の評価

「読むこと」において、和菓子の歴史、文化、支える人々の観点に沿って、意味段落の内容を把握している。(思考・判断・表現)

○この授業で働かせ、育てていく見方・考え方

「観点に対応する具体的な内容を取り出す」

具体と抽象の関係を捉えることで、説明文の内容はずいぶん把握しやすくなる。本教材では、具体－抽象の関係が三つあり、最初の事例で見方・考え方をつかみ、以降の事例に働かせていくという流れをとる。

○授業展開

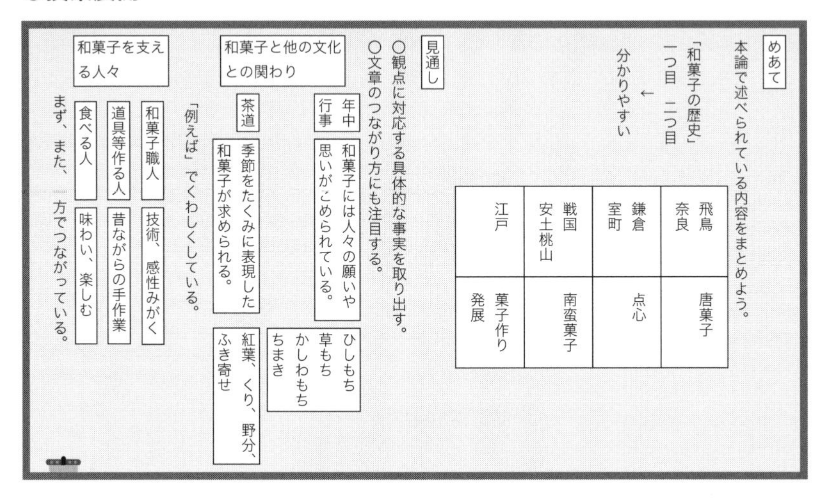

発問　確認　指示　子供の発言

導入 ► 原則１：学習課題の設定

（確認）和菓子がどのようにしてその形を確立していったかを捉えていくためには、それぞれの意味段落で説明されていることがよく分かることが大切です。今日は、本論で述べられている内容をまとめていきましょう。

導入 ▶ 原則2：見通しの設定

? この文章は意味段落で書かれていることを分かりやすく伝えるしかけがあります。分かりますか。手掛かりは詳しいこととまとめていることの順序です。

ヒントになる見方を出し、思考を焦点化させる。

C どの意味段落も、まとめていることが初めにきて、詳しいことが後にきているので分かりやすいです。

? それはなぜでしょう。

C 初めにこのことについて話しますと言って、その後詳しいことを言ってもらうほうが何について注意すればいいのか考えられるので、分かりやすいからです。

スイッチ発問① ? では、「和菓子の歴史」について、観点に対応する具体的な事実を見付けて取り出してみましょう。みんなでやってみましょう

? 和菓子の歴史についてどのような説明の仕方をしていますか。

C ○○時代に何があったというように説明しています。

? では、時代ごとに何があったかを取り出してみましょう。まだ、社会で日本の歴史を学習していないので、時代の名前を書いた表に書き入れていきましょう。

C 飛鳥時代から平安時代は、唐菓子の影響がありました。

C 鎌倉時代から室町時代には点心が入ってきました。

C 戦国時代から…

複数の課題を解決していく際、同様の見方・考え方を使う場合には、一つやってみて、やり方に慣れさせていくことができる。

? 和菓子の歴史の説明のところでは、読み手が頭の中を整理して読み取るための工夫がありました。何でしょうか。

C 一つ目、二つ目というように、説明の数を言っているので、説明のまとまりが整理しやすいです。

後の二つのことについても、頭の中を整理して読み取るための工夫がそれぞれあります。それを見付けると読み取りも速くなります。

スイッチ発問② ? 今度は「和菓子と他の文化」、「和菓子を支えた人々」について、文章のつながり方にも注目して、観点に対応する具体的な事実を取り出してみましょう。まずは一人でやってみましょう。

展開 ► 原則 3：個人追究

ノートにまとめさせていく。机間指導の中、必要に応じ、説明の工夫について以下のように、接続語の働きに目を向けさせていく。

和菓子と他の文化；一般化したことと具体が「例えば」で結び付いている。
和菓子を支えた人々；並列・累加の「また」、話題の転換の「一方」により、展開している。

展開 ► 原則４：共同追究

？まず、和菓子と他の文化の結び付きについてみていきましょう。他の文化とはどのような文化ですか。

Ⓒ 年中行事です。

具体と抽象の関係の整理と共に、説明の仕方を共有することで、一層の理解を促す。

？どんな結び付きがありますか。

Ⓒ 年中行事で食べる和菓子には、人々の願いが込められています。

？具体的には、どんな行事ですか。

Ⓒ 三月三日の桃の節句や、五月五日の端午の節句です。

どんな和菓子を食べますか。

Ⓒ 桃の節句にはひしもちや草もち、端午の節句ではかしわもちやちまきを食べます。

他にどのような文化があり、和菓子とどんな結び付きをし、どんな和菓子を食べるでしょう。

Ⓒ 茶道があります。茶道では、季節をたくみに表現した和菓子が求められて、紅葉、くり、野分、ふき寄せといった和菓子を食べます。

文化についての説明のところではどんな工夫がありましたか。

Ⓒ 大まかなことを説明し、「例えば」を使って詳しく説明しています。

次に和菓子を支える人々について発表していきましょう。和菓子を支える人々についての説明はいくつありましたか。

Ⓒ 三つです。

最初に、説明されているのはどんな人ですか。

Ⓒ 和菓子職人です。

和菓子職人にとって大切なことは何だと書いてありますか。

Ⓒ 技術を磨き、感性を養うことです。

具体化のレベルについての見当を示し、以後どの程度具体的に発言するべきかの見通しをもたせる。

？ 次にどのような人が説明されていますか。また、その人たちについて、どのような説明がされていますか。

Ⓒ 和菓子作りの道具を作る職人について説明されています。その人たちの説明は、昔ながらの手作業ということです。

？ 最後に説明されているのはどのような人で、どんな説明がされていますか。

Ⓒ 和菓子を食べる人で、味わい、楽しむことが大切だという説明がされています。

？ 和菓子を支える人々のところでは説明のどんな工夫がされていましたか。

Ⓒ 「まず」、「また」、「一方」でつながっていました。

展開 ► 原則5：読み取ったことをまとめる

協働追究の中、新たに分かったことなどをノートに追記させます。

終末 ► 原則6：振り返り

？ 今日の授業では、どう考えたら何が分かりましたか。

Ⓒ まとめていることに対して詳しくしていることを見付けたら、意味段落の要点が分かりました。つながり方も大切でした。

終末 ► 原則7：具体－抽象の関係を読み取ることのよさを確認する。

まとめていることと詳しいことの関係をつながりに注意して読み取ると説明文の内容が頭の中で整理されますね。

5年（書くこと）働かせたい「見方・考え方」：1 比較 4 因果

教材「反対の立場を考えて意見文を書こう」（東京書籍）

単元の学習問題：反論 - 再反論を使い、説得力のある意見文を書こう

スイッチ発問 ? 観点に沿って意見 - 反論 - 再反論をつなげよう（第2時）

育てたい資質・能力

〈知識及び技能〉

原因と結果など情報と情報との関係について理解することができる。

〈思考力、判断力、表現力等〉

伝えたいことを明確にし、筋道の通った文章を書くことができる。

〈学びに向かう力、人間性等〉

言葉がもつよさを認識すると共に、進んで読書をし、国語の大切さを自覚して思いや考えを伝え合おうとする。

教材の可能性

高学年になり、子供たちにとっては、児童会活動や、地域での活動でリーダーとしての役割を担う機会が少しずつ多くなる。

行事等を計画し、実行していくためには、幅広い立場の人の気持ちに寄り添って考えていく必要がある。同時に、幅広い立場の人が楽しめるように筋道立てて考えることが必要である。

児童会活動等ばかりではなく、日常友達と接していく場合にも、視野が広く、筋道立てて考えることは大切である。高学年になり、それぞれの個性が出始めている中、友達同士で様々な考え方に学び、また、それを取り入れつつ確かな考えをもつことにより、自分はより豊かになる。

本教材では、「クラスをよりよくしていくため」という身近な題材を取り上げて、反論 - 再反論を入れた意見文を作成していく。

反論 - 再反論を取り入れて論を展開していくことは、大きく二つの力を付けることができる。

一つは自分が考えたことに対して、反論し、再反論することで、自分の意見を比較し、より広い視野で、筋道の立った考えをつくる力である。

二つは立論－反論－再反論を適切な因果関係で結んでいく力である。

意見文の構成に入る前の、情報の収集・内容の検討の段階で、しっかり吟味させ、力を付けていきたい。

見方・考え方を働かせ育てていく単元展開

時	学習課題	見方・考え方	学習活動
1	よりよいクラスにするためにどんなことをしたらいいか考えてみよう	休み時間、給食、掃除、学級活動に対して、それぞれの目的を観点にして課題になることを見付ける **スイッチ発問 ?** **活動の目的から見て、もっとよくしていけそうなことを見付けよう**	○現在のクラスの雰囲気について感じていることを出し合う。 ○各活動の目的に照らし合わせて、課題になることを出し合う。
2	反論－再反論の関係を入れて説得力のある意見をつくろう	観点に沿って、反論－再反論を関係付ける 意見－反論－再反論を因果関係で結ぶ **スイッチ発問 ?** **観点に沿って意見－反論－再反論をつなげよう** **意見－反論－再反論が原因と結果になるようにしよう**	○意見－反論－再反論になるよう意見を組み立てる方法を知る。 ○意見－反論－再反論になるように考える。 ○意見－反論－再反論の関係になっているか相互評価する。 ○自分の考えを修正する。
3	意見文の構成に沿って内容を整理しよう	意見文の構成のモデルに沿って、自分で考えた要素を位置付ける **スイッチ発問 ?** **意見文の構成メモに沿って、考えたことを並べていこう**	○意見文の構成メモの要素や内容を確認する。 ○構成メモの内容に沿って、自分で考えた要素を位置付ける。 ○正しく、筋道立ててメモに位置付いているか相互評価する。

4、5	反論－再反論を考えた意見文を書こう	モデルの意見文の書き表し方に沿って、文章化する。 スイッチ発問？ **お手本の文章のよいところを取り入れて意見文を仕上げよう。**	○教科書のモデルを読み、構成メモと比較して気付いたことを出し合う。 ○気付いたことを基にして構成メモに書いたことを文章化する。 ○互いの文章を読み合い、事実と意見の書き分け、段落のつなぎ方等について相互評価する。 ○相互評価したことを基に清書する。
6	互いの意見文を読み、よさに学ぼう	意見の内容、展開の仕方に着目し、感じたことを述べる スイッチ発問？ **内容や意見－反論－再反論のつなぎ方に目を付け、感じたことを伝えよう**	○意見文を読み合い、感想を伝え合う。 ○内容を読み、どう思ったか伝え合う。 ○意見－反論－再反論について観点の明確さや比較、因果関係の点で気付いたよさを伝え合う。

見方・考え方を働かせ育てるためのピックアップ授業 第２時

○本時の目標

意見と反論－再反論を考え、関係付けて、伝えたいことを明確にすることができる。〈思、判、表Ｂ (1) ア〉

○本時の評価

「書くこと」において、意見－反論－再反論を筋道立てて考えている。(思考・判断・表現)

○この授業で働かせ、育てていく見方・考え方

「観点に沿って意見－反論－再反論をつなげる」

一つの観点で一貫して議論できる場合もあるが、多面的な見方を大切にして自分の意見をより説得力のあるものにしていくためには、「反論－再反論」での観点を揃えることが大切である。意見で示した事柄に対して、別の観点からの反論を投げかけ、その観点で元の意見を改善したものを再反論として示す。ただし、反論で指摘したことにまったく乗ってしまうと最初の意見とは別の意見になってしまう。

「原因と結果の考え方で意見 - 反論 - 再反論をつくる」

「この意見だとこういった問題があるだろう、だからこうする」といったように原因と結果を基にしてつなげていくことで、意見 - 反論 - 再反論の流れが円滑になる。

○授業展開

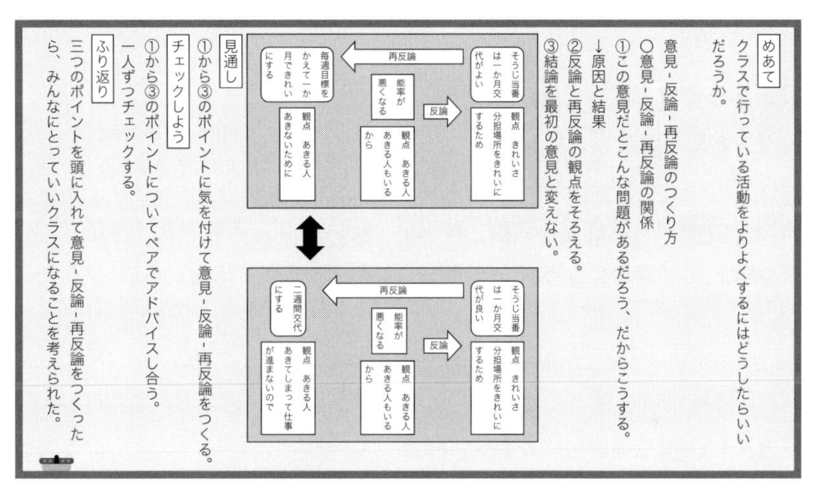

導入 ▶ 原則 1：学習課題の設定

前回はクラスで行っている活動について、その目的に照らし合わせてみて、課題だと感じていることを出し合いました。今日は活動をよりよくするにはどうしたらいいか意見をつくっていきましょう。

導入 ► 原則 2：見通しの設定

❓ 今回は自分の意見に反論－再反論を入れて意見をつくりましょう。反論－再反論があるといいことは何でしょう。

Ⓒ 一回反対の意見も言っているので、最初の意見よりももっといい意見がつくれると思います。

Ⓒ いろいろな考えを取り入れてくれている感じがします。

❓ まず意見－反論－再反論のつくり方を三つ勉強しましょう。

次の三つの文では意見－反論－再反論はどんな関係になっていますか。

Ⓒ 反論を入れて、元の意見をよりよくしています。

> A　分担場所をきれいにするために、掃除当番は1か月交代がよい→でも、1か月では飽きるので能率が落ちる→飽きないために目標を変えて1か月交代で分担場所をどんどんきれいにする

Ⓒ 意見－反論－再反論がこうしたらこうなるのでというような原因と結果のリレーみたいになっています。

💡 意見で述べたことの結果を考えて反論を考えて、反論で指摘された問題点に対して再反論で対策を示していますね。このように、「この意見だとこういった問題が

あるだろう、だからこうする」といった原因と結果を考えて意見－反論－再反論をつくっていきましょう。

? もう少し詳しく見ていきます。「でも、１か月では飽きるので能率が落ちる→飽きないために目標を変えて」という二つの文は、どんな点について述べていますか。

C「飽きてしまうかどうか」ということです。

そうですね。どんな点について述べるか、つまり反論や再反論を示すときには「観点」が揃っていると、筋道立ててよりよい考えをつくっていくことができます。

? 最後にもう一つです。さっきの文と次の文を比べてみましょう。

B　分担場所をきれいにするために、掃除当番は１か月交代がよい→でも、１か月では飽きるので能率が落ちる→飽きてしまって仕事が進まないのだったら２週間交代にする

? AとBで違うところはどこでしょう。

C 結論が違います。

Ⓒ B は、最初の意見と再反論で言っていることがずれてしまっているので、再「反論」ではなくなってしまっています。

確かにそうですね。最初の意見の一番主張したいことが変わってしまうと別の意見になってしまいますね。

> **スイッチ発問 ? では、三つのことを考えて自分の考え方をつくりましょう**
> **①原因と結果の考えを使う(「この意見だとこういった問題があるだろう、だからこうする」)**
> **②反論と再反論の観点をそろえる**
> **③最初の意見と変わってしまわないように気を付ける**

展開 ► 原則 3:個人追究

- かき方を説明したうえで、ノートに下のような図をかかせ、意見 - 反論 - 再反論の関係を意識させる。 -

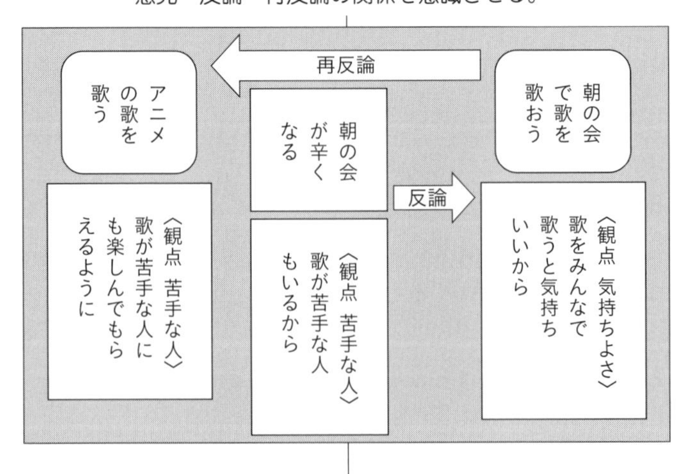

意見－反論－再反論を図式化して書かせると、考えの流れが見やすくなり、考えやすくなる。

意見－反論－再反論の流れが早くできた子には、別の観点から反論－再反論をつくらせる。

展開 ▶ 原則４：共同追究

？ 隣の人同士でペアになって、互いが書いたものをチェックし合いましょう。

ノートを交換して読み合うのではなくて、一人の人をチェックしたら次の人に進むようにします。最初にチェックしてもらう人が自分のノートに書いたものをペアの人に見せながら、意見－反論－再反論の順で説明します。

チェックする人は、①原因と結果の考えになっているか、②反論と再反論の観点が揃っているか、③結論が最初の意見と変わってし

Ｃ１　私の考えたものはどうですか。

Ｃ２　とてもいいと思うけど、「朝の会が辛くなる」から「アニメの歌を歌う」というのは、歌が苦手でアニメの歌も嫌いという人には合わないと思います。苦手な人にもこれだったら歌えそうというのを聞いてみるのはどうですか。

まっていないかの三つの点から見てアドバイスします。

書いたものを見せ合う活動を同時に進めるより、一人一人について見ていくほうが、時間はかかりますが、集中した取組になる。

展開 ▶ 原則5：自分の考えをまとめる

友達にアドバイスしてもらったことを基に修正させる。

終末 ▶ 原則6：振り返り

? 今日の授業では、どう考えたら何ができましたか。

C 三つのポイントを頭に入れて意見－反論－再反論をつくったら、みんなにとっていいクラスになることを考えられたと思います。

終末 ▶ 原則7：多面的に、つながりのある意見を考えていくよさを確認する。

6年（読むこと）働かせたい「見方・考え方」：1比較　4因果　7具体・抽象

教材「海の命」（光村図書）

単元の学習問題：太一はなぜクエを撃とうとしなかったのだろう

登場人物の思いやクエの様子に目を付けて原因を探ろう（第5時）

育てたい資質・能力

〈知識及び技能〉

比喩や反復など表現の工夫に気付くことができる。

〈思考力、判断力、表現力等〉

人物像を具体的に想像し、表現の効果を考えることができる。

〈学びに向かう力、人間性等〉

言葉がもつよさを認識すると共に、進んで読書をし、国語の大切さを自覚して思いや考えを伝え合おうとする。

教材の可能性

本教材は、小学校6年間で最後に学ぶ文学的文章として位置付けられている場合が多い。文学的文章の学習の集大成となるためには、これまで学んできた様々な読み方を活用し、多面的な読み取りを行うことが必要である。そういった視点で考えてみると、本教材では少なくとも三つの読み方を活用していくことができる。

一つは、比較する読み方である。クエの瞳など反復表現を比較することや、クエや海に対する登場人物の見方を比較するものである。二つは、因果を分析する読み方である。太一がクエを撃つことにこだわりをもっていたのはなぜかといったこと等を考えるものである。三つは具体化する読み方である。「海のめぐみ」等、象徴的な表現は何を指しているのかを考えていくものである。

本教材には、登場人物の心情が明確に描かれず、読者の読みにゆだねられている箇所が多い。ことに、クエと対峙した太一が、クエを撃たなかった理由は明確に描かれず、多様な解釈の可能性がある。

単元課題「太一はなぜクエをうとうとしなかったのだろう」をすえ、複数の見方・考え方からの読みを交差させることにより、単元の学習問題の解決に向かい、解釈を深め、広げ、これまで学んできた読み方としての見方・考え方の有用感ももたせつつ、取り組みたい。

見方・考え方を働かせ育てていく単元展開

時	学習課題	見方・考え方	学習活動
1	初めの感想をもとう	一番印象に残った場面に着目し、印象に残った理由を考える **スイッチ発問?** **印象に残った場面と理由をセットにして考えよう。**	○一番印象に残った箇所と理由を書く。 ○互いの感想を交流する。 ○単元の学習問題を決め出す。
2	物語の全体像をつかもう	状況設定－発端－展開－山場－結末の定義と三つの設定に沿って分ける **スイッチ発問?** **五つの場面の性質と時・場所・人物の三つの設定を使って分けよう**	○物語を場面分けする基準の確認をする。 ○物語を五つに分ける。
3	太一はなぜクエをうとうと思っていたのだろうか	太一と父の関係に着目し、理由を分析する。 **スイッチ発問?** **太一はおとうをどのように思っていたか見付け、自分ならどう思うか考えてみよう**	○太一の父に対する思いの分かる叙述を取り出す。 ○父の最期の様子を取り出す。 ○自分ならどう思うかを考え、太一の気持ちを解釈する。
4	登場人物は海に対してどんな意識をもっていたのだろうか	登場人物の海への認識に着目し、具体化する **スイッチ発問?** **海に対する言葉に着目し、意味を詳しくしよう**	○登場人物の海に対する言葉・行動を取り出す。 ○言葉・行動が表すことを具体化する。

5	太一はなぜクエをうとうとしなかったのだろうか	登場人物の行動や会話文に着目し因果、具体化、比較を使う **スイッチ発問** ? **登場人物の思いやクエの様子に目を付けて原因を探ろう**	○既習の見方・考え方を使い、太一の気持ちを想像していく。
6	感想を広げ、深めよう	太一の生き方に着目し、自分の価値観と比較する。 **スイッチ発問** ? **太一が大切にしたものに目を付けて、自分が大切にしていることと比べよう**	○各自が捉えた太一の生き方を確認する。 ○自分の価値観と比較し感想をもつ。 ○共有し、改めて自分の感想をもつ。 ※太一の生き方に共鳴しない考えも大切にする。

見方・考え方を働かせ育てるためのピックアップ授業　第5時

○本時の目標

登場人物の行動や会話文に着目し、因果、具体化、比較などの考え方を働かせることにより、クエを撃とうとしなかった太一の気持ちを想像することができる。〈思、判、表C（1）エ〉

○本時の評価

「読むこと」において、自然への畏敬、家族への愛情などにより、クエを撃とうとしなかった太一の心情を想像している。（思考・判断・表現）

○この授業で働かせ、育てていく見方・考え方

「登場人物の行動、会話文に着目し、因果、具体化、比較の思考を働かせる」

クエと対峙したときの太一が抱いた感情を、これまで学んできた多様な見方・考え方により、想像していく。

○授業展開

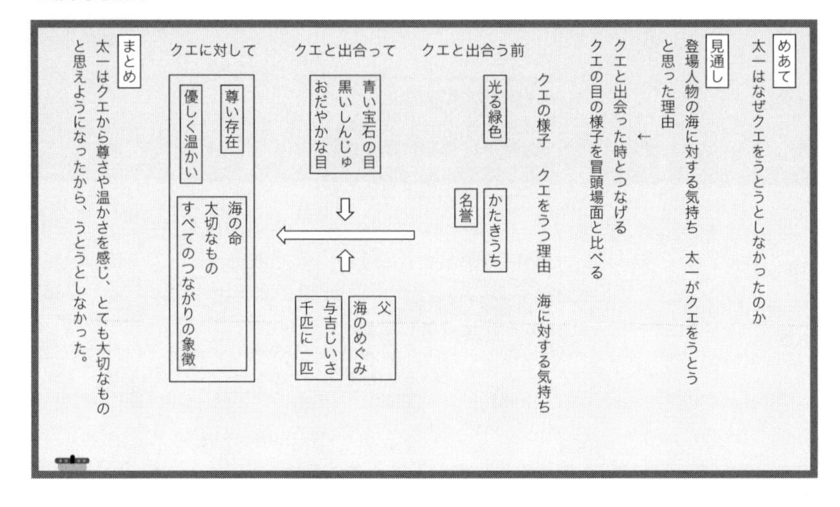

発問　確認　指示　子供の発言

導入 ▶ 原則１：学習課題の設定

クエをうとうと思っていた太一は、なぜうたなかったのでしょう。この物語を読んでいく中で、私たちが考えてきた問題に対する答えを今日は考えていきましょう。

導入 ▶ 原則２：見通しの設定

（発問）クエをうとうとしなかった太一の気持ちを考えていくためには、どうやって考えていけばよさそうでしょう。これまで勉強してきた考え方を思い出して考えま

（子供の発言）おとうや、与吉じいさ、母が、海に対してどう思っていたかを詳しくすることです。

（子供の発言）太一はなんでクエを撃つこと

しょう。

既習の考え方を引き出す。

太一の考えは登場人物の影響を受けているわけだから、登場人物が海に対して思っていたことを詳しくすれば、太一の気持ちの変化を理解する手掛かりになりそうですね。

にこだわっていたのかを振り返ってみることです。

補助

? なぜその考え方をするのですか。

子供が出した意見を意味付けたり、補足させたりすることで、考え方のよさを共通認識させていく。

C 太一がクエをうとうとしなかったのは、クエをうちたいというこだわりがなくなったためなので、こだわりが分かれば、それがなくなったところを見つければクエをうとうとしなかった理由が分かると思います。

太一がクエをうとうと思った理由を確認して、それをクエに出会った場面に照らし合わせて比べてみるとよいということですね。

? 物語を読み取るために、他にもこれまで学んできた考え方で使えるものはありますか。

C 繰り返し出てくるものを比べてみるというのがあります。

このように、必要なときに引き出してこられるように見方・考え方を蓄積させていきたい。

? 冒頭と山場ではどんな言葉が繰り返されていますか。

C クエの目についての言葉が繰り返されています。

スイッチ発問 ? 登場人物の海に対する気持ちや、太一がクエをうとうと思った理由と、クエと出会ったときとつなげよう。
クエの目の様子を冒頭場面と比べてみよう。

今日の進め方を伝えます。

こつの考え方のうち、自分がやってみたいものを選んで、自分の意見をつくりましょう。

考えがつくれたら、ペアになり、互いの考えたことを発表し、意見交換して、自分の考えを深めましょう。

その後、全体で意見交換し、最後にもう一度自分の考えをつくりましょう。

展開 ▶ 原則３：個人追究

これまでの授業で登場人物の海に対する気持ちを詳しくすることや、太一がクエをうとうと思った理由は学んできている。
そこで考えが進まない子に対しては、次のように個別支援する。
登場人物の海に対する気持ちを詳しくすることから考えている子に対して→おとうや与吉じいさなどの登場人物の海に対する気持ちに重なる表現を見付けさせていく。
太一がクエをうとうと思った理由から考えている子に対して→実際に出会ったクエの様子を見付けさせ、クエを撃とうと思った理由と比較させる。

展開 ▶ 原則４：共同追究

？ では、太一がなぜクエを撃とうとしなかったか、みんなで考えていきましょう。まず、隣同士で

Ⓒ 私は、クエをうとうとした理由から考えたのですが、太一は、おとうの敵討ちをしようと思って

ペアになり、互いの考えを発表し、意見交換しましょう。
隣の人の考えや、隣の人からもらった意見を基にして、自分の考えを深めていきましょう。

いたんだけど「おだやかな目」ってあるように、敵のクエが本当は優しくて、温かな感じだったので、憎しみの気持ちが消えていったと思います。Bさん、どうですか。

Ⓒ その考えは、ぼくも共感します…

? 全体で話し合っていきましょう。クエの目について比べた意見を出してください。

Ⓒ 冒頭場面でのクエは「光る緑色の目」で不気味な感じがするけれど、山場では、「青い宝石の目」とか「ひとみは黒いしんじゅのよう」といっているので、クエが貴いものに見えてきたから、うとうとしなかったと思います。

? クエをうとうとした理由から考えた人はいませんか。

Ⓒ 太一は、おとうの敵討ちをしようと思っていたんだけど、敵のクエが「おだやかな目」ってあるように、優しくて温かい感じだったので、憎しみの気持ちが消えていったと思います。あと、Bさんとも話して、「おだやかな目」っていうのは「自分に殺されたがっている」と思うほどだから、戦いの相手という感じではなかったと思います。

? おとうの敵以外でクエをうとうとした理由から考えた人はいま

Ⓒ 私は、「この魚をとらなければ、本当の一人前の漁師にはなれ

せんか。

ない」とあるので、太一は敵討ち以外でもクエをうとうと思っていたと思います。でも、実際にクエに出会ったら思っていたのと違ってすごく落ち着いた感じだったので、倒す相手という気がしなくなったんだと思います。

? 登場人物の海に対する気持ちから考えた人はいますか。

C この前勉強した与吉じいさの「千びきに一ぴきでいいんだ」という言葉を詳しくした「人間が生きていくために必要な分だけ海から頂く」という考えからすると、太一が思っていた敵討ちや、名誉のためにクエをうつのは合わないので、実際にクエと出会って、太一は、与吉じいさの考えが分かったと思います。

C クエの穏やかな姿からおとうの「海のめぐみだからなあ。」という言葉に表れている生き物を大切にする気持ちも太一は感じたんじゃないかなと思います。

展開 ▶ 原則5：もう一度一人になって考える

出てきた意見を参考にして、太一はなぜクエをうとうとしなかったのかもう一度、自分の意見

C ノートに自分の意見を書く。

をまとめましょう。

自分が考えていなかった方法の考え方も積極的に取り入れさせていくことで、妥当性の高い、総合的な考えをつくらせる。

Aさん、発表してください。

Ⓒ太一はクエを実際に見て、実はとても大切なものだと思ったと思います。そこに、自分がすごく大切にしている「おとう」のことも合わせて、クエをうとうとしなかったのだと思いました。

終末 ► 原則6：振り返り

❓今日の授業では、何が分かりましたか。そして、どう考えたら分かりましたか。ノートに簡単に書き、隣同士で聞き合いましょう。

-隣同士で聞き合う。-

日直さん、代表して言ってみてください。

Ⓒ今日は、これまでやった読み方を使って…

終末 ► 原則７：活用の呼びかけ

太一の気持ちは、クエに対する敵対心から、尊敬へと変化していったのですね。勉強した読み方を使い、中学でもいろいろな作品を読んできましょう。

6年（読むこと）働かせたい「見方・考え方」：1 比較 3 類推

教材「帰り道」（光村図書）

単元の学習問題：実は、友達は何を考えているんだろう

相手の気持ちを想像しているところと、実際の気持ちが書いてあるところを見付けて比べよう（第2時）

育てたい資質・能力

〈知識及び技能〉

比喩や反復など表現の技法に気付くことができる。

〈思考力、判断力、表現力等〉

登場人物の相互関係や、人物像を捉え、感想をもつことができる。

〈学びに向かう力、人間性等〉

言葉がもつよさを認識すると共に、進んで読書をし、国語の大切さを自覚して思いや考えを伝え合おうとする。

教材の可能性

小学校高学年になると、自分に対する自信が失われていく傾向が強い。友達とは仲よくしていきたいのだけれども、相手が何をどう考えているのかが不安で、声を掛けるのをためらったり、思っていることが言えなかったりする場合も多い。

本教材には、子供たちが抱えるそんな苦しさが表現されている。同じ出来事に対して扱った一人称視点の物語を二つ並べるという方法によって、気持ちのすれ違いや、自分に対する不安感を描いている。

ふとしたことから気まずい雰囲気になった中心人物の律と周也は互いの気持ちを想像する中で、相手を認め、自分自身を見つめ返し、仲直りしていく。相手の気持ちを考えることは大切だが、相手の気持ちと重なることは難しい。しかし、重ならなくても、相手を思うことにより、仲よくなっていくことはできることを律と周也の姿は示している。

本教材の二つの視点で物語を展開している特性を生かし、相手がどう感じているかを想像している箇所と、実際に思っていることに着目し、取り出し、比較するという読みが可能になる。

このような読みをしていくことで、読者は、相手の気持ちについて想像している内容はたとえずれていても、相手を大切に思う気持ちがあれば友情は紡いでいけるという希望を得ることができる。

見方・考え方を働かせ育てていく単元展開

時	学習課題	見方・考え方	学習活動
1	設定を押さえ、初めの感想をもとう	既習の物語と比較したり、自分の体験と比較したりして、感想をもつ 場所に着目し、場面の変化を捉える **スイッチ発問?** **・これまで学んだ物語や自分の体験と比べて感想をもとう** **・場所に着目し、「帰り道」の道順を知ろう**	○全文を音読する。 ○既習の物語と比較して、感じたことを出し合う。 ○自分の体験と比べて感じたことを出し合う。 ○「実は、友達は何を考えているんだろう」という単元の学習問題を決める。 ○場所に着目し、学校→大通り→歩道橋→市立公園内の遊歩道と進んでいったことをつかむ。
2	律と周也は相手の気持ちをどう捉えていたのだろうか	一つの対象について推測している心情と実際の心情を取り出し比較する **スイッチ発問?** **相手の気持ちを想像しているところと実際の気持ちが書いてあるところを見付けて、比べよう**	○互いに対して、推測している心情と実際の心情を取り出す。 ○推測している心情と実際の心情とを比較する。
3	律と周也の人物像を捉えよう	自分に対して語っている箇所や、対象の捉え方に着目し、それぞれの人物像をまとめる **スイッチ発問?** **自分に対して語っているところや、出来事の受け止め方に着目して人物像をまとめよう。**	○自分について語っている箇所や、対象に対してどんなことを思っているかが分かる箇所を取り出す。 ○対象としては描写もその範囲とする。 ○取り出した箇所から考えられる人物像をまとめる。

4	感想をまとめ、互いの感じたことを知り合い、読みを広げよう	推測した相手の思いとのずれや自分への受け止めに着目し、体験と比較する。友達の感想と自分の感想と比較する **スイッチ発問** **相手の思いと自分の想像とのずれや、自分への受け止めに着目し体験と比較しよう**	○登場人物の相互関係や人物像に着目し、感想を書き互いの感想を読み合う。 ○相手のことは分かるようで分からないことや、相手を思うことの大切さを共有する。

見方・考え方を働かせ育てるためのピックアップ授業 第2時

○本時の目標

律と周也が互いの気持ちを想像しているところと実際に思っているところを取り出し、比較することで、相手の気持ちの捉えとずれを理解することができる。〈思、判、表C（1）イ〉

○本時の評価

「読むこと」において、登場人物同士が相互で想像する相手の感情と実際とのずれを理解している。（思考・判断・表現）

○この授業で働かせ、育てていく見方・考え方

「想像する相手の感情と実際の感情を取り出し比較する」

登場人物が同一の事柄に対して異なった感情をもつことから人物の相互関係を捉えていくという展開はよくある。本教材でもそういったアプローチはできるが、本教材で特徴的なのは、相手の「気持ち」を想像し合っているところである。想像している気持ちに対応した実際の気持ちを取り出して比較することで、ずれと共に互いが相手を大切に思っていることも捉えることができる。

○授業展開

めあて 実は、律と周也は相手の気持ちをどうとらえていたのだろうか。

見通し 相手がどう思っているか想像している内容と実際に思っていたことを取り出して比べよう

時 場所	律→周也	実際の周也	周也→律	実際の律
昼休み	いらいら	少しいらいら 後悔		テンポについて いけない
歩き出す	何にもなかっ たみたい	沈黙に耐えら れない	やっぱり、お こってる	ぼくにはついて いけない
歩道橋	ぼくに白けた ぐんぐん前に 進んでいく	ぼくの言葉は 軽すぎる 言葉が出ずあ わてる	壁みたいにだま りこくっている	思っていること が何で言えない んだ
市立公園		静けさが大の 苦手	おっとりと一歩 一歩 よゆう 落ち着き	もうだめだ おいつけない あきらめの境地 で天仰ぐ
「ぼく、 晴れが好 きだけ ど、たま には雨も 好きだ」	分かってもら えた気がした	たしかにそう だ	急にひとみを険 しく なぜだか律は雨 上がりみたいな えがおにもどっ て	勇気ふりしぼる しどろもどろ 分かってもらえ た気がした

まとめ 相手の気持ちは実際とは、ずれていることも多かったけれど、相手を大切に思っていることは、相手に分かってほしいという思いや行動からよく分かる。

❓発問　💡確認　👆指示　Ⓒ子供の発言

導入 ▶ 原則1：学習課題の設定

補助

❓ **みなさんは友達と気まずくなってしまった後、仲直りしようと思うのだけれど相手の気持ちが分からなくて声を掛けにくかったことはありませんか。**

Ⓒ あります。

日常生活と関連付け、学習への動機付けを高める。

❓ **今日は、みなさんの体験と同じように、気まずくなってしまった律と周也は互いの気持ちをどのように想像して、どうしていった**

のか詳しく読み取っていきましょう。

導入 ▶ 原則2：見通しの設定

?時間を追って考えていきましょう。この物語はどんなことから始まりますか。

Ⓒ放課後の玄関口です。

Ⓒ書き出しはそうですが、出来事はもう少し前の昼休みから始まっています。

?確かに物語の書き出しは玄関口ですが時間の順序で考えると、昼休みの出来事から始まりますね。昼休みには簡単に言ってどんなことがありましたか。

Ⓒ昼休みに友達五人で話しているとき、律がテンポについていけなくて、それに対して周也がきついことを言ってしまいました。

?そのときに律は周也が自分をどう思っていると思ったでしょう。

Ⓒ「急にいらついた目でぼくをにらんだ」とあるので、律がもたもたしているのに対して、周也はいらいらしていると思った、と思います。

?実際はどうだったのですか。

Ⓒ「はっきりしない律にじりじりして」とか「軽くつっこんだつもり」とあるので少しはいらいらしたけれど、怒ってはいませんでした。むしろその後「まずい、と思うも、もうおそい。」とあるので自分の態度に後悔しています。

律が思うほど周也は気分を悪くしていなかったし、すぐ周也は律のことを思っているということですね。

全員で共通した活動を行わせることで本時に働かせる見方・考え方の具体をつかませる。

導入 ▶ 原則２：見通しの設定

スイッチ発問 ？ では、今のように、相手がどう思っているかを想像している内容と、実際に思っていたことを取り出して比べてみましょう。黒板の表のようにノートにも表を作って書き込んでいきましょう

展開 ▶ 原則３：個人追究

-各自、ノートに自分の考えを書く。-

学習の足跡を残し、既習事項を確認し、次の学習に生かしていく意味からできるだけノートを使いたい。
追究の焦点化を図るため、物語の中の「場所」を書き入れていき、叙述に注目しやすくする。

「学校から出て歩き出したところ」「歩道橋」「市立公園」「市立

公園で律が『ぼく、晴れが好きだけど、たまには、雨も好きだ。』と言ったとき」の四つについて表に書き込ませていく。

展開 ► 原則４：共同追究

❓ 学校から出て歩き出したところについて発表していきましょう。

Ⓒ 律から見た周也は「なんにもなかったみたい」でしたが、実際は「ちんもくにたえられない」という状態でした。

Ⓒ 周也から見た律は「やっぱりおこってる」でしたが、実際は周也の話に「ぼくにはついていけない」でした。

❓ 二人が互いの気持ちについて想像している内容は実際と比べてどうですか。

Ⓒ 律は周也の気持ちを必要以上に悪く感じ、どんどん不機嫌になり、周也は律の気持ちを捉えているんだけれど、うまく解決していくことができず、言葉を重ねるほど、悪い方向に進んでいます。

💡 ❓ 二人のぎくしゃくしている様子がよく分かりますね。歩道橋の場面ではどうなっているでしょう。

Ⓒ 律は周也の様子を見て「ぼくに白けた」と思っていますが、周也は「ぼくの言葉は軽すぎる」と思っています。

Ⓒ 律は周也を「ぐんぐん前に進

んでいく」と思っていますが、周也は「言葉が出ずあわてる」状態です。

Ⓒ周也は律を「壁みたいにだまりこくっている」と捉えていますが、律は「思っていることが何で言えないんだ」と思っています。

? 二人が互いの気持ちについて想像している内容は実際と比べてどうですか。

Ⓒ想像している内容よりも実際のほうが、相手に対して自分を責めているような気がします。

? 二人は気まずいまま市立公園の遊歩道に行きますが、そこではどうなっているでしょうか。

Ⓒ周也から見た律は「おっとりと一歩一歩をきざんで」いて、「木もれ日をあおぐしぐさにも、よゆうが」あるように感じられていますが、実際には「もうだめだ。追いつけない。あきらめの境地でぼくは天をあおいだ。」とあり、全然違っています。

? 雨が降った後、律が「ぼく、晴れが好きだけど、たまには、雨も好きだ。」と言ったときにはどうなっているでしょうか。

Ⓒ律から見た周也は「分かってもらえた気がした」で、実際の周也は「たしかに、そうだ」で、周也から見た律は「なぜだか律は雨上がりみたいなえがおにもどって、ぼくにうなずき返した」で、実際の律は「分かってもらえた気がした」です。だから、周也にとっては、少しずれはあるけれど、律にとっては想像と実際のず

れはなくなっています。

展開 ▶ 原則5：自分の考えをまとめる

? 二人の思いを取り出して比べてみたらどんなことが分かったかノートにまとめてから発表しましょう。

Ⓒ 律と周也は、互いの気持ちを正確に捉えているわけではなかったけれど、互いを思い合っていることは確かだということが分かりました。

終末 ▶ 原則6：振り返り

? 今日の授業では、どう考えたら何が分かりましたか。

Ⓒ 想像と実際を比べてみると、気持ちのずれや互いを大事に思っていることが分かりました。

終末 ▶ 原則7：対象への登場人物の捉え方を比較し、相互の関係を理解する読み方の活用を促す。

教材「時計の時間と心の時間」（光村図書）

単元の学習問題：説明の仕方に対して自分の意見をもとう

事例が客観的か、誰もが納得できる説明になっているかの観点で説明を読んでみよう（第4時）

育てたい資質・能力

〈知識及び技能〉

原因と結果など情報と情報との関係を理解することができる。

〈思考力、判断力、表現力等〉

筆者の論の進め方を捉え、自分の考えをまとめることができる。

〈学びに向かう力、人間性等〉

言葉がもつよさを認識すると共に、進んで読書をし、国語の大切さを自覚して思いや考えを伝え合おうとする。

教材の可能性

対象に対して、自分なりの意見をもつ力を子供たちに付けていきたい。しかし、教科書の説明文教材を使って、そのことを指導するのは難しい。理由は二つである。一つは教科書には正しいことが書いてあるからであり、二つはどのような観点に着目し、どう考えるとよいかが分からないからである。

ではどのように対応するか。一つ目の教科書の正しさについては、本教材も然りであるが、教材文が結論として述べていることは圧倒的に正しく、小学生が異論を挟むことはできにくい。一方、論の進め方について批判的な意見をもつことは実はさほど難しくはない。本教材でも、時間の進み方に対する感覚は様々な状況により異なるのは、誰もが納得するところであるが、論の進め方についてはいくつも疑問点がある。

けれども、子供たちはおそらく何も指導しなければ疑問をもつことはない。そこで、二つ目に挙げた、どこに目を付けてどう考えていけばよいのかを指導する。本教材には客観的な事実を述べる箇所で「複数の参加者」、「朝（朝食前）」といった抽象的な表現がみられる。抽象的な表現に目を付け、客観性の検討を行うことができる。また、朝の時間帯は体の動きが鈍い等の理由付けに目を付け、妥当性の検討を行うこともできる。

対象に対して批判的に読む力を付けていく中で、恣意的ではなく、客観的にデータをまとめ、論を進めていく大切さに気付かせたい。

見方・考え方を働かせ育てていく単元展開

時	学習課題	見方・考え方	学習活動
1	初めの感想をもとう	「心の時間」で取り上げられている事例に着目し、関係する自分の体験を取り出す **スイッチ発問** **心の時間で取り上げられていることに着目し、自分の体験に重ね合わせてみよう**	○「心の時間」で説明している事例に関し、自分の体験で関係のあることを見つけ、感想を書く。 ○互いの感想を交流する。 ○取り上げられている事例と主張は、納得がいくか話し合う。 ○単元の中心課題を決め出す。
2	文章全体を三つに分け、要旨を捉えよう	序論・本論・結論の定義に沿って分ける **スイッチ発問** **序論、本論、結論の役割に沿って区切ろう**	○序論；話題提供、本論；具体的な説明、結論；まとめと筆者の考えの定義に沿い分ける。 ○本論と序論・結論の区切りは、時計の時間についても述べられているか、具体例があるかで判断する。
3	筆者の説明の仕方を捉えよう	各段落の主張と根拠になっている事例を取り出す **スイッチ発問** **意味段落の主張と主張の基になる事例を見付けよう**	○各段落の冒頭に示されている主張と根拠になっている事例を取り出す。

4	説明の仕方に対して自分の意見をもとう	事例の客観性、説明の妥当性の観点で、事例と説明を読む **スイッチ発問 ?** **事例が客観的か、誰もが納得する説明になっているかの観点で説明を読んでみよう**	○事例の客観性や、説明の妥当性の点で、各段落の説明を読み返す。 ○気付いたことについて、自分の意見をもつ。 ○出来るだけ代案を示す。
5	互いの考えを共有しよう	互いの考えを自分と比べ、自分の考えを見直す。 **スイッチ発問 ?** **友達の意見と自分の意見を比べて、自分の考えを見直そう**	○互いの感想を交流し合う。 ○他の子の考えを基に、自分の考えを練り直す。 ○客観的な事例と妥当性の高い説明のよさを振り返る。

見方・考え方を働かせ育てるためのピックアップ授業　第4時

○本時の目標

それぞれの事例の客観性、説明の妥当性の観点で、各段落の事例を検討することを通し、論の進め方について自分の考えをもつことができる(思、判、表C（1）オ)。

○本時の評価

「読むこと」において、事例の客観性や説明の妥当性に沿って、各段落の事例を検討し、論の進め方について自分の考えをもっている（思考・判断・表現)。

○この授業で働かせ、育てていく見方・考え方

「事例の客観性、説明の妥当性の観点で、事例と説明を読む」

事例の客観性は、具体化の考え方により検討することができる。例えば、「朝（朝食前)」と書かれているけれど具体的には何時かという考えである。

説明の妥当性は、因果の考え方により検討する。例えば、「朝（朝食前）は、本来の30秒よりも長く心の時間の30秒のほうが長い」、「なぜなら朝は体の動きが鈍いからである」という因果関係の適切さを検討するというものである。

〇授業展開

めあて
説明の仕方に対して、自分の意見をもとう。

見通し①
〇事実として挙げられている言葉がふさわしいか。
事実の言葉を具体的にイメージすると
「複数の参加者」何人か分からない。
↓「約百人」など人数を示したらどうか。
他に　朝（食事前）夜（ねる前）
　時刻が分からない。

見通し②
〇折れ線グラフで表してよいのか。
昼食を食べた後、ねむくなることがある。
↓グラフとちがって時間の感じ方はにぶくなる？
四回しか計っていないのに折れ線でつないでいる。
↓棒グラフにしたらどうか。

見通し③
〇「朝起きたときには動きが悪くなるので、時間がたつのが
　早く感じる」というのはだれもがなっとくする説明か。
自分の体験と比べてみる。
朝はぼんやりしがちなのでなっとく。
⇔
朝のほうが元気なのでなっとくしにくい。
↓朝…は、動きが悪くなる人がいます。
　という言い方にしたらどうか

ふり返り
事実…（ある程度）具体的な言い方、大切。
理由…みんなが納得する言い方、大切。

発問  確認  指示 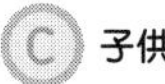 子供の発言

導入 ► 原則１：学習課題の設定

？ 前回は、筆者の心の時間の説明の仕方について読み取ってきました。みなさんは、説明の仕方に納得ができましたか。

C はい。

C 身近なことを例に挙げていて分かりやすかったです。

？ では、みなさんに質問します。時間帯による時間の感じ方を調べる際、「複数の参加者の記録を平均し」と書いてありますが、具体的には何人を調べたのですか。

C 人数は書いてありません。

子供が疑問をもちにくいところは教師側から揺さぶりをかける。

?「私たちの体は、朝、起きたばかりのときや、夜、ねる前には、動きが悪くなります。すると、昼間であればすぐにできることでも、時間がかかるので、あっという間に時間が過ぎるように感じるのです。」とありますが、みなさんが朝起きたときの体の調子はどんな感じですか。

C 私は、ぼんやりしています。筆者の言う通りです。

C ぼくは、いつも朝から元気です。

今のみなさんと先生のやりとりで、筆者の説明の仕方に少し疑問が出てきた人はいますか。

C はい、なんとなくおかしい気がしてきました。

C 教科書なんだから、おかしいことはないと思います。

? では、今日は筆者の説明の仕方に対して自分の考えをもつことを目指しましょう。おかしいなと思うところについては、こう書けばいいんじゃないかという考えももちましょう。

導入 ▶ 原則２：見通しの設定

スイッチ発問① ? 初めに「複数の参加者」という言葉について詳しくしてみましょう。できた人は他にもやってみましょう

展開 ▶ 原則3：個人追究

－各自、ノートに自分の考えを書く。－

展開 ▶ 原則4：共同追究

?「複数の参加者」について、ふさわしいと思う人はいますか。

C ふさわしいと思います。複数といっているので大勢いることが分かるからです。

C それはおかしいです。「複数」というのは二つ以上という意味なので、大勢という意味ではないです。

C 実験をした人が二人でも複数になるので、そんなことはないと思うけど、実験した人が二人しかいない状態で事実として示していたらその人たちが少し特別な感覚をもっているかもしれないし、事実としてふさわしい言い方ではないと思います。

? では、どのような言い方をしたらいいと思いますか。

C 例えば「約100人」とかできるだけ調べた人数に近い数字を言うことがいいと思います。調べた数が多いほど、事実としてふさわしくなります。

? 他にも事実としてふさわしい

C「一日四回、決まった時刻に」

か疑問になる言葉はありましたか。

三十秒時間を計るというところで、グラフを見ると、正午と午後五時は分かるけれど、あとは朝（食事前）、夜（ねる前）と書いてあり、正確な時刻が分かりません。

Ⓒ 確かに。人によって朝食を食べる時刻も寝る時刻も違うから、複数の参加者がいればバラバラになると思うけど、グラフを見るとみんな同じ時刻に朝食を食べたり、寝たりしているように読めるのでそれもおかしい。

スイッチ発問② ？ では、折れ線グラフを見て、そもそもこの場合に使っていいのか、グラフの性質から考えてみましょう。

計っていない時間帯に、心の時間がどのように伸び縮みしているかは分かりませんので、みなさんが言っていることはその通りですね。

Ⓒ 例えば昼食を食べた後に眠くなって時間の感じ方が鈍くなるかもしれないので折れ線グラフで点をつないでしまっているのはおかしいです。

Ⓒ 何時に計ったかをきちんと書いて、棒グラフで示すほうが事実としてふさわしいです。

スイッチ発問③ ？ そこでもう一つ。「朝起きたときには動きが悪くなるので、時間がたつのが早く感じる」というのは誰もが納得する説明か、自分の経験と比べて考えてみましょう

展開 ► 原則３：個人追究

－各自、ノートに自分の考えを書く。－

事実の客観性、説明の妥当性について、一度にスイッチ発問を行い、個人追究をして、順々に協働追究する方法もある。が、本時のように子供にとってあまりなじみのないことを行う場合には、順にスイッチ発問をしていくことで、見方・考え方の焦点化を行うことができ、学ばせたいことを一つ一つ押さえることができる。

展開 ► 原則４：共同追究

？ では、それぞれ考えたことを発表しましょう。

Ⓒ 私は、朝起きたばかりのときは、ぼんやりしているので、筆者の説明にはとても納得します。

Ⓒ ぼくは、朝ぱっと目覚めることができます。前の日に宿題が終わらなかったときには、早起きして宿題をする日もあります。そういうときは夕方宿題をするときよりも集中して、早く終わらせることができます。だから筆者の説明

には少し納得ができません。

? では、「私たちの体は、朝、起きたばかりのときや、夜、ねる前には、動きが悪くなります。」の一文は、変えるとしたらどうしますか。

Ⓒ「朝、起きたばかりのときや、夜、ねる前には、動きが悪くなる人がいます。」というようにして、みんなが同じではないという書き方をしたらいいと思います。

代案を考えることで自分の表現にも学習が生かせる。

展開 ▶ 原則5：自分の考えをまとめる

筆者の説明の仕方について分かったことと考えたことをまとめます。

終末 ▶ 原則6：振り返り

? 今日の授業では、どう考えたら何が分かりましたか。

Ⓒ 筆者の説明の仕方をよく見たら、事実として挙げる言葉は具体的な言い方をすることが大切で、理由を示す場合にはみんなが納得する言い方が大切ということが分かりました。

終末 ▶ 原則7：客観的な表現と妥当性の高い理由付けの仕方の大切さを確認する

あとがき

国語の授業をしているときです。学習課題を設定します。みんな解決に向かって頑張ろう、という表情をしています。個人追究に入ります。子供の鉛筆が動きません。焦った私は、全員こちらを向かせ、もう一度学習課題を確認し、個人追究を再スタートさせます。けれども事態は変わりません。結局、個人指導を繰り返し、自分の考えをもたせ、発表し合い、やっとのことで授業を進めます。活動させているだけですので、当然、力は付きません。

直面している問題を解決するためにはどう考えたらいいのか、それが理解できていれば自分なりに問題解決をしていくことができるのではないか、そう思うようになったのは教師になって随分時間が経った後でした。

本時の学習課題を設定した後に、その課題を解決するために必要な思考のスイッチを入れる発問をする、それだけで国語の授業はとてもスムーズに進むようになりました。特に、国語に苦手意識をもつ子供たちにとっては大きな効果がありました。これまで問題に取り掛かり、自分の考えを表したいのだけれども、言葉にならない、そんなもやもやを抱えている子供たちは、考えがもて、書けることに喜びを感じます。「先生、国語ってこんなに簡単でいいの？」という子もいれば「先生、おれ、何だか分からないけど初めて自分の思っていることが書けたよ」という子もいました。

また、国語が好き、という子にとっても効果は大きいです。それは、スイッチ発問で示す見方・考え方には、彼らにとっても新たに知る思考の姿があるからです。もともと表現力の高い子供たちは、見方・考え方を意識的に働かせることで、相当な力を発揮していきました。見方・考え方を獲得しているということを示す一端として、全国学力・学習状況調査や、各種学力調査でも、彼らは全国平均を大きく上回る結果を残していきました。

実践していく際、これは、スイッチ発問に位置付ける見方・考え方として適切かなと迷うことは多いと思います。でも、それでやめてしまうのではなく、ぜひ、取り組んでいただきたいと思います。基準は一つ、そのスイッチ発問が、子供が問題解決をする際の「武器」になるかどうかだけです。

最後になりましたが東洋館出版社の西田亜希子様に心からの感謝を申し上げます。ありがとうございました。

【著者紹介】

小林　康宏（こばやし・やすひろ）

和歌山信愛大学教授

長野県出身。横浜国立大学大学院修了後、長野県内の公立小中学校に勤務し、2019年4月より現職。元長野県教育委員会指導主事／和歌山市客員指導主事／和歌山県教育センター学びの丘主催小学校・中学校国語科授業研究会アドバイザー／きのくに国語の会顧問／日本国語教育学会理事／全国大学国語教育学会会員／東京書籍小学校国語教科書「新しい国語」編集委員／東京書籍中学校国語教科書「新しい国語」編集委員

〈単著〉『基幹学力をつくる音声言語活動』（平成18年12月・明治図書出版）
『「言葉による見方・考え方」を育てる！子どもに確かな力がつく授業づくり　7の原則×発問＆指示』（平成30年2月・明治図書出版）
『見方・つくり方のすべてがわかる研究授業パーフェクトガイドブック』（平成30年6月・明治図書出版）
『小学校国語「見方・考え方」が働く授業デザイン－展開7原則と指導モデル40＋α』（平成31年3月・東洋館出版社）
『中学校　国語の授業がもっとうまくなる50の技』（令和元年6月・明治図書出版）
『大事なことがまるっとわかる 研究主任1年目の教科書』（令和2年3月・明治図書出版）

〈編著〉『板書＆イラストでよくわかる365日の全授業小学校国語　5年下』（平成28年7月・明治図書出版）
『板書＆イラストでよくわかる365日の全授業小学校国語　5年上』（令和3年2月・明治図書出版）

〈共著〉『子どもがどんどんやる気になる　国語教室づくりの極意　国語授業編／学級づくり編』（平成27年2月・東洋館出版社）
『子どもがいきいき動き出す！小学校国語　言語活動アイデア事典』（平成27年7月・明治図書出版）
『子どもがどんどんやる気になる　国語教室づくりの極意　1時間授業編』（平成28年8月・東洋館出版社）
『どの子も鉛筆が止まらない！　小学校国語　書く活動アイデア事典』（平成28年8月・明治図書出版）
『今日から使える！　小学校国語　授業づくりの技事典』（平成29年2月・明治図書出版）
『すぐに使える！　小学校国語　授業のネタ大事典』（平成29年7月・明治図書出版）
『実践・二瓶メソッドの国語授業』（平成30年2月・東洋館出版社）
『5分でできる！　小学校国語　ミニ言語活動アイデア事典』（平成30年2月・明治図書出版）
『スタートダッシュ大成功！　小学校　全教科の授業開き大事典　中学年／高学年』（平成30年2月・明治図書出版）
『言葉の力がぐんぐん伸びる！　二瓶＆夢塾流　国語教室づくりアイデア事典』（平成30年7月・明治図書出版）
『みんなわくわく　小学校国語　物語文の言語活動アイデア事典』（平成31年2月・明治図書出版）
『1年間まるっとおまかせ！　小3／小5／小6担任のための学級経営大事典』（平成31年2月・明治図書出版）
『小学校国語物語文／説明文の授業技術大全』（令和元年7月・明治図書出版）
『どの子も輝く！通知表の書き方＆所見文例集　小学校低学年／中学年／高学年』（令和2年5月・明治図書出版）
『小学校国語　物語文の発問大全』（令和2年7月・明治図書出版）
『withコロナの学級経営と授業づくり』（令和2年8月・明治図書出版）　他多数

問題解決型国語学習を成功させる
「見方・考え方」スイッチ発問

2021（令和 3 ）年 3 月 3 日　　　　初版第 1 刷発行

著　者：小林　康宏
発行者：錦織　圭之介
発行所：株式会社　東洋館出版社
〒 113-0021　東京都文京区本駒込 5 丁目 16 番 7 号
営業部：電話 03-3823-9206　FAX03-3823-9208
編集部：電話 03-3823-9207　FAX03-3823-9209
振　替：00180-7-96823
URL：http://www.toyokan.co.jp

装幀：中濱健治
本文デザイン・組版：藤原印刷株式会社
印刷製本：藤原印刷株式会社

ISBN 978-4-491-04359-3 ／ Printed in Japan